基层党的建设科学化理论与实践

——以沅江市为例

中共沅江市委党校　编著

湘潭大学出版社

图书在版编目（CIP）数据

基层党的建设科学化理论与实践 ： 以沅江市为例 / 中共沅江市委党校编著． -- 湘潭 ： 湘潭大学出版社， 2022.5
ISBN 978-7-5687-0779-4

Ⅰ．①基… Ⅱ．①中… Ⅲ．①中国共产党－基层组织－党的建设－研究 Ⅳ．①D267

中国版本图书馆 CIP 数据核字（2022）第 085794 号

基层党的建设科学化理论与实践 ：以沅江市为例

JICENG DANG DE JIANSHE KEXUEHUA LILUN YU SHIJIAN:YI YUANJIANGSHI WEI LI

中共沅江市委党校 编著

责任编辑： 刘文倩
封面设计： 杨 揆
出版发行： 湘潭大学出版社
社　　址： 湖南省湘潭大学工程训练大楼
电　　话： 0731-58298960 0731-58298966（传真）
邮　　编： 411105
网　　址： http://press.xtu.edu.cn/
印　　刷： 湖南省越来越好印务有限公司
经　　销： 湖南省新华书店
开　　本： 710 mm×1000 mm 1/16
印　　张： 12.75
字　　数： 179 千字
版　　次： 2022 年 5 月第 1 版
印　　次： 2023 年 1 月第 1 次印刷
书　　号： ISBN 978-7-5687-0779-4
定　　价： 58.00 元

编撰委员会

“打铁必须自身硬”，党的历史经验和现实发展告诉我们围绕党的事业加强党的建设，是党领导人民创业、兴业的重要法宝。中国共产党从建党以来，就注重自身建设，继毛泽东强调思想是灵魂为特点的“思想建党”、邓小平强调制度建设为特点的“制度建党”、江泽民强调推进党的建设新的伟大工程为特点的“工程建党”之后，胡锦涛提出以改革创新为特点的“科学建党”新思路，由此产生了“党的建设科学化”命题。对于这一问题的研究，是不断把握和自觉运用马克思主义执政党建设规律的客观要求，有助于从一个新的视角深化对于无产阶级政党理论的研究，将党的建设研究与时代发展的新特点结合起来，从而进一步提升党建理论研究的水平。

“基层党的建设科学化”是新时代发展对中国共产党建设提出的新要求，是实现全面从严治党向基层延伸的根本途径。习近平总书记在党的十九大报告中指出，党的基层组织是确保党的路线方针政策和决策部署贯彻落实的基础。基础不牢，地动山摇。我们党从创建之初就高度重视提升基层党组织的战斗力，在井冈山时期，“三湾改编”制定了“支部建在连上”的基本原则。党的十八大以来，强调贯彻党要管党、从严治党方针，必须扎实做好抓基层、打基础工作，使每个基层党组织都成为坚强战斗堡垒。新部署、新目标，为全面加强基层党组织建设增添了动力。对基层党的建设进行深入研究，能够为各级党组织的建设提供实践指导，为实现党的理论建设、制度建设和方法建设的科学化提供对策建议，从而提高党的建设的科学性和有效性，为新形势下加强和改进党的建设，提高党的执政能力和执政水平，保持党的先进性提供有效支撑。

进入新时代，我们党正在进行伟大斗争、建设伟大工程、推进伟大事业、实现伟大梦想，然而国内外形势复杂多变，“基层党的建设科学化”面临着诸多新课题，中共沅江市委党校强化问题意识、担当意识，针对基层党组织建设理论和实践中遇到的新情况和新问题，着眼机遇与挑战并存的新形势，从基层党建内容、方法、载体、机制等层面进行了一系列创新研究，致力于准确把握基层党组织建设的“内涵与要求”，组织科研力量。由龚曼霞执笔精心编写《基层党的建设科学化理论与实践——以沅江市为例》，通过理论分析，并结合先进典型案例的重现，提出了新时代提高基层党建工作水平的基本思路和方法。

2022 年 5 月

目 录

上篇

总论

中篇

分论

下篇

先进典型

上篇

总论

第一章　基层党的建设科学化的内涵与特征

第一节　基层党组织的地位与作用

一、基层党组织的地位

基层党组织是党的组织基础，在党的组织体系中居于特殊而又重要的地位。中国共产党正是通过千千万万个基层党组织将全国 9500 多万党员集聚起来，使其成为有组织且具有强大战斗力的政党，这是中国共产党的优势所在，更是通过发挥基层党组织作用，确保通过发挥党的政治优势推动全党具体工作有序开展的先决条件。基层党组织在全党组织构架及全局工作体系中具有不可代替的作用，是连通党和广大人民群众的桥梁，在宣传、落实党的路线、方针、政策方面处于关键环节，是党团结和联系广大人民群众的核心和纽带，也是基层单位、人民内部矛盾的调节者，更是加强党的先进性与维护党的纯洁性的关键所在。加强基层党组织建设科学化的具体实践，增强党的执政能力，扩大党的群众基础，是巩固党的执政地位的根本选择。

二、基层党组织的作用

党支部是党的基础组织，担负直接教育党员、管理党员、监督党员和组织群众、宣传群众、凝聚群众、服务群众的职责。对此，2017 年 10 月版的新党章，根据不同类型的社会组织和单位的不同特点，对基层党组织的作用与职责做出了具体规定："街道、乡、镇党的基层委员会和村、社区党组织，领导本地区的工作和基层社会治理，支持和保证行政组织、经济组织和群众自治组织充分行使职权。国有企业党委（党组）发挥领导作用，把方向、管大局、保落实，依照规定讨论和决定企业重大事项。国有企业和集体企业中党的基层组织，围绕企业生产经营开展工作。保证监督党和国家的方针、政策在本企业的贯彻执行；支持股东、董事会、监事会和经理（厂长）依法行使职权；全心全意依靠职工群众，支持职工代表大会开展工作；参与企业重大问题的决策；加强党组织的自身建设，领导思想政治工作、精神文明建设和工会、共青团等群团组织。

非公有制经济组织中党的基层组织，贯彻党的方针政策，引导和监督企业遵守国家的法律法规，领导工会、共青团等群团组织，团结凝聚职工群众，维护各方的合法权益，促进企业健康发展。社会组织中党的基层组织，宣传和执行党的路线、方针、政策，领导工会、共青团等群团组织，教育管理党员，引领服务群众，推动事业发展。实行行政领导人负责制的事业单位中党的基层组织，发挥战斗堡垒作用。实行党委领导下的行政领导人负责制的事业单位中党的基层组织，对重大问题进行讨论和做出决定，同时保证行政领导人充分行使自己的职权。各级党和国家机关中党的基层组织，协助行政负责人在内的每个党员进行教育、管理、监督，不领导本单位的业务工作。”

党章就党的基层组织八项基本任务做出了具体说明：一是宣传和执行党的路线、方针、政策，宣传和执行党中央、上级组织和本组织的决议，充分发挥党员的先锋模范作用，积极创先争优，团结、组织党内外的干部和群众，努力完成本单位所担负的任务。二是组织党员认真学习马克思列宁主义、毛泽东思想、邓小平理论、“三个代表”重要思想、科学发展观、习近平新时代中国特色社会主义思想，推进“两学一做”学习教育常态化制度化，学习党的路线、方针、政策和决议，学习党的基本知识，学习科学、文化、法律和业务知识。三是对党员进行教育、管理、监督和服务，提高党员素质，坚定理想信念，增强党性，严格党的组织生活，开展批评和自我批评，维护和执行党的纪律，监督党员切实履行义务，保障党员的权利不受侵犯。加强和改进流动党员管理。四是密切联系群众，经常了解群众对党员、党的工作的批评和意见，维护群众的正当权利和利益，做好群众的思想政治工作。五是充分发挥党员和群众的积极性创造性，发现、培养和推荐他们中间的优秀人才，鼓励和支持他们在改革开放和社会主义现代化建设中贡献自己的聪明才智。六是对要求入党的积极分子进行教育和培养，做好经常性的发展党员工作，重视在生产、工作第一线和青年中发展党员。七是监督党员干部和其他任何工作人员严格遵守国家法律法规，严格遵守国家的财政经济法规和人事制度，不得侵占国家、集体和群众的利益。八是教育党员和群众自觉抵制不良倾向，坚决同各种违法犯罪行为作斗争。

通过对各种基层党组织作用、职责及其基本任务的界定，实现了基层党组织在八项基本任务方面存在的共性同基层党组织在具体地位和作用方面所存在的特性的基本统一。

第二节　基层党的建设科学化的内涵与特征

一、党的建设科学化的内涵

党的建设科学化是指：作为马克思主义政党的中国共产党，在科学党建理论的指导下，适应时代变化的需要，不断探索马克思主义政党建设规律，借鉴西方政党加强自身建设的有益经验，创新建设理念和思路，不断提高理论宣传、制度完善、方法创新的能力，不断赋予党的建设以科学化精神和科学化方法，从而使党永葆生机活力的理论和实践过程。党的建设科学化是党的建设与时代发展相结合的过程，是马克思主义无产阶级政党理论与中国共产党自身建设的具体实际相结合的过程，是新时期党的建设工作的必然选择，充分体现了党的建设工作的规律性和时代性。

党的建设科学化这一概念包含三层含义：

1. 党建思维的规律化

党的建设科学化中的科学，首先应该理解为一种规律。对事物的客观规律把握，是衡量科学与非科学的根本标准。党的建设是否科学，关键就在于党的建设过程是否致力于把握和遵循党的建设与外部环境之间、党的建设内部诸多要素之间的固有的、本质的和必然的联系，是否能够按照政党运行的客观规律去进行党的建设实践。党的建设科学化，就是要求党的建设要树立规律理念，要致力于研究、把握和遵循党的建设规律，包括现代政党运行的一般规律和马克思主义政党建设的特殊规律，按照客观规律而非主观臆断去进行党的建设实践。

2. 党建过程的规范化

党的建设科学化中的科学，其次应该理解为一种规范。党的建设是一项系统工程，是一个理论与实践相结合的过程，在这一过程中，包含着多个环节，其构建和运行不是杂乱无章的，不是一个人或者几个人就能够决定，而应该是规范的、科学的、可操控的，是由科学的价值目标、民主化的运行机制、制度化的监督体系、可操作的实践手段共同支撑的。党的建设科学化最根本的就是要去除党建过程中的不规范和不合理的因素，努力实现党建过程的规范化，形成党的建设规范化的运行模式。中国共产党从诞生到发展，从幼稚到成熟的历史就是一个不断实现党建过程规范化的历史。

3. 党建方法的现代化

党的建设科学化中的科学，还包含着科学技术的含义。中国共产党之所以提出这一概念，一个重要原因是要将党的建设与时代的发展相结合，使党的建设与时俱进。当今时代发展的一项重要内容就是科学技术的突飞猛进和日新月异，以网络技术和电子技术为代表的电子信息时代已经到来，电子信息技术带来的现代化已经渗透到了人类生产的各行各业，已经进入人类生活的各个角落，现代化已经不再成为一句口号，而更加转变为了人类生产和生活的一种特征。党的建设作为我们党存在和长期执政的基础，作为推进中国特色社会主义现代化建设的保证，也必须与时代的发展相适应，把现代化的技术和党的建设联系起来，用现代化的方法进行党的建设，努力提高党建的现代化水平。

二、基层党建科学化的特征

中国共产党的基层组织建设科学化，要求在马克思主义党建理论的指导下，党的基层组织主动回应时代变化，探索基层政党建设规律，创新基层党组织建设理念，加强党在社会基层组织中的战斗堡垒作用，夯实党的全部工作和战斗力的基础，增强党的执政能力，巩固党的执政地位，实现党的奋斗目标。基层党建科学化是党建与时代发展相结合的必然选择，是马克思主义无产阶级政党建设理论同中国共产党自身建设实际相结合的过程，是新时期加强党建工作的必然选择，充分体现了党建工作的规律性与时代性。

基层党组织建设科学化具有实践性、规律性、整体性、动态性等主要特征。

第一，实践性，是中国共产党基层组织建设科学化的基本特征。中国共产党目前已拥有9500多万党员，如此庞大的党员队伍是通过全党400多万个建立在基层社会及生产一线的党的基层组织发挥凝聚作用将其聚合在党旗之下，并通过党的基层组织，组织动员广大党员群众宣传、贯彻、执行党的基本路线、方针和政策，发挥了基层党组织的战斗堡垒作用，夯实了党全部工作和战斗力的基础。

第二，规律性，是中国共产党基层组织建设科学化的内在要求。中国共产党的基层组织建设科学化，是党的基层组织按照马克思主义政党建设规律，把马克思主义政党建设的普遍理论与各地方、各部门基层党组织的具体实践相结合，与时俱进改革基层党组织的工作作风、工作方法，实践党的群众路线，夯实党的群众基础，创新基层党组织建设理念，增强党的执政能力,巩固党的执政地位,实现党的奋斗目标的要求所在。

第三，整体性，是中国共产党基层组织建设科学化的总体性要求。基层党建科学化既包含了基层党的思想、组织、作风、制度、反腐倡廉等各方面建设科学化，是涵盖党建各领域、各要素的整体性概念，单纯实现基层党组织建设某一方面、某一领域科学化，不能称之为基层党组织建设科学化。

第四，动态性，是中国共产党基层组织建设科学化深入发展的实践要求。党的基层组织建设科学化是一个过程，并且这一过程处于环境和任务不断发生变化的状态之中，是一个与时俱进，不断建设，永恒发展的过程，因此，基层党组织建设科学化是不可能一蹴而就、一劳永逸的，需要我们立足实际，坚持不懈地努力，永不停止地建设下去。

第三节 “党的建设科学化”的衡量维度

党的建设是否真正实现了科学化，在多大程度上实现了科学化，科学化的水平如何，这些问题就涉及对于党的建设科学化的评价问题。对于党的建设科学化的评价是极为复杂和困难的，其过程中存在着诸多复杂且多变的因素，很难用量化的方式去对其进行评价和分析。但是我们可以从党的建设的目标和科学化的本质入手，运用社会科学的研究方法，从宏观上为党的建设科学化设定以下三个衡量维度。

一、党的方针政策与社会发展的契合程度

党在不同阶段提出的方针政策，是基于对该阶段经济社会发展的总体把握，其最终目的就是促进社会的发展。党的方针政策提出的适时性，贯彻执行的有力性，解决问题的有效性，都是党的领导水平和应变能力的集中体现。因此，党的方针政策是否促进了社会的发展，是衡量党的建设科学化的一个标准。一方面，制定方针和政策，需要思想路线和思维方式的科学性，如果党制定的方针政策与社会发展方向相一致，极大地促进了社会的全面发展，那么就反映出党对于社会发展规律有较为准确的把握，引领社会发展的能力比较强，党的思想理论水平和政策制定水平的先进性和科学性均可以得到体现。另一方面，科学的方针政策的推行和贯彻，需要有强大的执行力作为保障，而强大的执行力，又需要科学合理的制度和方法作为支撑。如何保持和强化方针政策的执行力，使得科学有效的方针政策得以贯彻和执行，这正是党的建设之科学化的有力体现。

二、人民群众对于党执政的满意程度

中国共产党的宗旨是全心全意为人民服务，党的建设科学化水平就体现在党能否把人民群众的根本利益、共同利益与社会发展规律有机联系起来，并把这种联系通过党的纲领、路线、方针、政策表达出来，始终获得最广大人民群众的拥护和支持。因此，人民群众对于党执政的满意程度，对于党的纲领、路线、方针、政策的认同程度，是党的建设科学化与否的重要衡量维度，是党的建设工作是否到位的重要评价指标，直接关系到党的执政能力的提高和党的执政地位的巩固。因此，党的建设必须以为人民服务为宗旨，必须以人民群众的利益为根本出发点，努力把党建设成为人民利益和需求的代言人和维护者，从而充分体现中国共产党立党为公、执政为民的先进性。

三、党自身的运行与发展状态

党的建设的直接目的，就是通过加强和改进党的自身建设，完善党的制度体系，解决党内存在的问题，保持党自身运行和发展的良好状态，预防党内可能出现的危机，从而巩固执政地位。因此，党自身的运行和发展状态，是党的建设科学化的一个重要的衡量标准。党自身的发展状态，可以从以下三个因素来进行考究。第一，党风廉政建设的基本情况。党风廉政建设是党的建设的一项重要内容，直接关系到党的形象。如果党内的不良作风、贪污腐败现象层出不穷，那么至少说明了党内建设在权力制约水平、监督体制和制度建设方面的不足，也就是没有实现党的建设科学化。第二，民主政治建设。民主政治建设是党员在党内有效参加政治活动的保障。如果党内官僚主义盛行，党员在政治生活中没有发言权，不敢说真话，那么党的建设就很难做到实事求是，政治生活就必然会庸俗化，那么就说明党的建设科学化的水平还比较低。第三，党的建设的高效性和成本控制的合理化。党的建设包含方方面面的内容，需要党的建设工作保持高效的运行，这种高效性可以通过党建的考评机制进行评估。而党的建设必然会有成本的投入，成本投入过低，会制约党建工作的正常开展，影响党建工作的效率，但成本的投入过高，也会造成投入和产出比例的失衡，会降低党建工作的有效性。因此，要通过不断加强党的自身建设，大力加强党风廉政建设，有效推动党内民主，合理利用投入成本，从而不断推进党的建设科学化。

第二章　党的建设科学化的理论溯源

第一节　马克思、恩格斯对科学建党的思考

马克思和恩格斯在领导无产阶级政党建设和参与革命的过程中，创立了马克思主义政党理论。马克思主义政党理论以马克思主义理论为基础，以社会主义理论为支撑，以广大无产阶级人民大众的利益为根本出发点，以推动无产阶级政党的建立和建设为理论目标，是在长期进行无产阶级革命的实践中，在总结无产阶级政党建设和发展的经验教训的基础上产生的。马克思、恩格斯在1847年6月发起建立世界上第一个无产阶级政党——共产主义者同盟时，就已经将科学建党问题纳入了思考范围，其中的许多闪光思想集中体现在1848年2月发表的同盟纲领——《共产党宣言》及随后的一些著作中。虽然当时马克思和恩格斯所思考的科学建党问题，和今天提出的党的建设科学化概念并不完全相同，但由于中国共产党的建立和建设是以马克思主义政党建设理论为指导，因此他们的思想中所涉及的无产阶级政党建设的科学化问题，依然是党的建设科学化理论的思想渊源。

总体上来看，马克思、恩格斯关于科学建党的思想观点可以概括为以下五个方面。

一、必须坚持无产阶级政党的坚强领导

马克思、恩格斯认为，无产阶级只有建立一个能够代表本阶级利益、

体现本阶级意志的政党组织，才能使自己强大到能够夺取胜利，从而使无产阶级获得彻底解放。马克思指出，在反对有产阶级联合权力的斗争中，无产阶级只有本身组织成为与有产阶级建立的一切旧政党对立的特殊政党，才能作为一个阶级来行动。无产阶级这样组织成为政党是必要的，为的是要保证社会革命获得胜利和实现这一革命的最终目标。在总结巴黎公社失败教训的过程中，马克思、恩格斯将没有统一的无产阶级政党领导视为其失败的重要原因之一。后来，恩格斯进一步指出：要使无产阶级在决定关头强大到足以取得胜利，无产阶级必须组成一个不同于其他所有政党并与它们对立的特殊政党，一个自觉的阶级政党。

二、无产阶级政党必须体现先进性

马克思和恩格斯指出，无产阶级政党是先进的政党，其先进性体现在：第一，具有先进的阶级属性。马克思、恩格斯指出，在当前同资产阶级对立的一切阶级中，只有无产阶级是真正革命的阶级。他们认为，无产阶级是先进生产力的代表，是最有力量、最强大的阶级，是人类历史上最先进、最有前途的阶级，只有无产阶级才能担负起解放全人类的伟大历史使命。而共产党是无产阶级中最先进的部分，正如马克思和恩格斯在《共产党宣言》中指出，一方面，在无产者不同的民族的斗争中，共产党人强调和坚持整个无产阶级共同的不分民族的利益；另一方面，在无产阶级和资产阶级的斗争所经历的各个发展阶段上，共产党人始终代表整个运动的利益。第二，具有科学的理论指导。在理论基础问题上，马克思指出，哲学把无产阶级当作自己的物质武器，同样，无产阶级也把哲学当作自己的精神武器。马克思、恩格斯创立了唯物史观和科学共产主义理论，并与工人运动结合起来，就使无产阶级政党的建立获得了必要的条件和坚实的基础。第三，具有先进的成员。无产阶级政党的先进性也表现为其成员的先进性，即党由工人阶级中的优秀分子组成。恩格斯认为，加入者应该是无产阶级群众中具有共产主义觉悟的最坚定的共产主义者也是最勇敢的士兵。加入者必须承认、维护、服从、遵守党的代表大会所通过的党纲和党章，为无产阶级的历史使命而奋斗；必须按照党章的规定履行党员的义务和行使党员的权利。

三、无产阶级政党必须提出正确的革命纲领和斗争策略

党的纲领是党成熟的重要标志。马克思和恩格斯十分强调党的纲领建设。一个党必须有一个明确的积极的纲领，这个纲领在细节上可以因环境的改变和党本身的发展而改动，但是在每一个时期都必须为全党所赞同。只要这种纲领还没有制定出来或者还处于萌芽状态，新的党也将处于萌芽状态；它可以作为地方性的党存在，但还不能作为全国性的党存在；它将是一个潜在的党，而不是一个实在的党，无产阶级政党必须提出自己鲜明的革命纲领，从而对内实现思想统一，把全党团结到共同的理想和目标上来，对外号召和发动群众，以形成强大的革命队伍。

马克思、恩格斯为共产主义者同盟撰写的《共产党宣言》，是工人阶级政党的第一个纲领。这个宣言科学地分析了无产阶级所进行的斗争的性质、条件和目的，揭示了资本主义发生、发展和灭亡的规律，阐明了共产主义到来的必然性，指明了无产阶级的伟大历史使命。1875年，马克思对爱森纳赫派李卜克内西同拉萨尔派哈森克维尔共同起草的《德国社会主义工人党纲领》(即《哥达纲领》)进行了批判，并撰写了《哥达纲领批判》一文。在这篇文章中，马克思提出了共产主义社会内部发展阶段的理论，并具体阐述了其第一阶段和第二阶段的一些基本特征，丰富和发展了《共产党宣言》中关于党的最终目标的理论，为后世许多国家的共产党区分并制定最低纲领和最高纲领奠定了理论基础。

马克思和恩格斯还对革命斗争的手段和策略问题进行了论述。对于革命手段问题，马克思、恩格斯提出了无产阶级专政的思想，指出：实行无产阶级专政是夺取政权，取得无产阶级革命胜利的根本手段。用无产阶级专政代替资产阶级专政，这是建立无产阶级专政的先决条件。对

于革命策略问题，结合无产阶级革命的初步实践，马克思、恩格斯对制定策略和实行策略的经验进行了理论概括，论述了制定策略的方法和原则。他们认为，任何阶级及其政党的政治行动并不取决于他的意志，而取决于不同阶级之间对立的发展程度，取决于历来决定阶级对立发展程度的物质生活条件、生产关系和交换关系的发展程度。必须因地制宜地做出决定，而且必须由处于事变中的人来做出决定，必须依据情况改变策略。关于什么样的策略是最好的策略，恩格斯指出："依我看，对每一个国家说来，能最快、最有把握地实现目标的策略，就是最好的策略。"

四、无产阶级政党需要正确的组织原则、严密的组织形式和严格的组织纪律

第一，无产阶级政党必须实行正确的组织原则。马克思和恩格斯指出，无产阶级政党的集中，是建立在民主基础上的集中，不同于以往秘密团体和宗派组织的集中和个人独裁，应该按期举行代表大会，使全党有更多发表意见的机会。1892 年 9 月，恩格斯在写给倍倍尔的信中指出：应当坚持每年召开一次党代表大会。……让全党哪怕一年有一次发表自己意见的机会，一般说来也是重要的。党的章程、纲领和决议都是经过代表大会讨论形成的，有不同意见可以在下次代表大会上提出来讨论。党的权力机关，自下而上地选举产生，其职责由代表大会确定，并向代表大会报告工作。党的组织和行动的统一，是在思想理论一致的基础上逐步自觉实现的，不是依靠强制性手段来维持的。

第二，无产阶级政党必须形成严密的组织形式。马克思和恩格斯在建立共产主义者同盟和参与第一国际建设的过程中，为无产阶级政党构建了严密的组织形式，并指出党的组织形式应该根据党的活动条件、斗争任务和党自身的发展状态来确定。在为共产主义者同盟起草的《共同章程》中，明确规定了同盟的组织机构和职权范围。同盟的组织机构是：支部、区部、总区部、中央委员会和代表大会。支部是党的基层组织，负责吸收盟员，收缴盟费。区部委员会是区内各支部的权力执行机关；总区部是本省各区部的权力执行机关。它同各该区部和中央委员会保持联系；中央委员会是全盟的权力执行机关，向代表大会报告工作；代表大会是全盟的立法机关。关于修改章程的一切提案均经总区部转交中央委员会，再由中央委员会提交代表大会。在第一国际时期，党的中央机关除设总书记外，还设立了执行主席，由总书记主持全党的日常工作。在马克思的指导下，总委员会建立了常务委员会，把它作为中央委员会的执行机构。这使总委员会有了一个精干的工作班子，能够及时处理各种复杂紧急的情况。

第三，无产阶级政党必须实行严格的组织纪律。组织形式和组织原则必须依靠严格的组织纪律来保证。共产主义者同盟章程规定，盟员在思想上，必须了解无产阶级革命的条件、发展道路和最终目的，承认并积极宣传共产主义；在政治实践上，必须把党的利益，把推翻资产阶级，把公有制的胜利视为自己的切身的最宝贵的利益，坚决地勇敢地为之奋斗；在生活方式和各种活动中，必须使自己的言行符合共产主义原则，处处为本阶级群众做出表率；在组织上，必须承认章程，编入支部，经常与所属支部、区部取得联系，缴纳盟费，无条件地服从同盟的一切决议，保守同盟的秘密。凡不遵守同盟纪律者，视情节轻重决定暂令其离盟或开除出盟。

五、无产阶级政党必须通过开展党内斗争实现党内的团结和统一

无产阶级政党在建立之初，就把团结作为口号写在自己的旗帜上。马克思和恩格斯在总结共产主义者同盟内部生活的实践的基础上，论述了党的统一问题，指出同盟的统一，特别是中央委员会的统一，是党的利益所在，应该高于一切，绝不能破坏而只应想方设法去维护它。

无产阶级政党不但需要团结，而且能够实现团结。无产阶级同社会化大生产相联系，具有易于团结的特点。无产阶级政党有科学的世界观和正确的纲领，具有党内团结的理论和政治基础。无产阶级政党的团结是有原则的，讲团结并不意味着抛弃党的重大原则而追求形式上的统一，在革命实践过程中，在原则问题上常常会产生分歧。要想消除分歧，就要进行辩论和必要的斗争。因此，党内斗争是达到党的团结的重要手段，只有正确地进行党内斗争，才能够实现党在原则基础上的团结。

在党内还存在各种非无产阶级的势力，集中表现为机会主义。工人政党内的机会主义表面上站在无产阶级一边，而实际上维护着资产阶级的利益。恩格斯曾经尖锐地指出，机会主义是实现团结的最大威胁，因而清除机会主义就成为工人政党维护团结的客观要求。同时，非无产阶级的影响使党的领导成员中也会有些人腐化起来。无产阶级政党必须同自身内部的各种腐化现象作斗争，把他们的谬论完完全全放出来，让他们烂透，使他们几乎自行垮台。在党内斗争方式问题上，马克思和恩格斯主张采取因人而异、分别对待的方法。对于立场根本性错误的野心家、阴谋家和其他机会主义分子，要坚决斗争和无情揭露，将其开除出党，以纯洁党的队伍；对于犯了错误但立场正确的人，则应该采用批评和教育相结合的方式，以达到团结的目的。

第二节　列宁对科学建党思想的继承和发展

19世纪末期到20世纪初，资本主义实现了向帝国主义阶段的过渡，国际形势的变化对于无产阶级革命斗争提出了新的要求。基于国际形势的变化，列宁依据俄国无产阶级革命的发展需要，在同修正主义进行斗争以捍卫马克思主义的革命实践中，创建了新型的无产阶级政党，并在十月革命后深入地探索了执政党建设的理论和实践问题，丰富和发展了马克思主义政党理论。在这一过程中，列宁继承了马克思、恩格斯对于科学建党的思考，并结合苏联共产党建设的实践，加深了对科学建党的认识，使之更加成熟，并初步体系化。

列宁时期的无产阶级政党已经在俄国夺取了政权，实现了由革命党到执政党的伟大转变，这种转变，也使得马克思主义政党理论加入了执政党建设的内容，使科学建党中党的概念扩展到了执政党。列宁的无产阶级执政党建设理论中所包含的科学化的思想主要体现在以下三个方面。

一、无产阶级执政党必须坚持先进的理论为指导

只有以先进理论为指南的党，才能实现先进战士的作用。列宁所说的先进理论，指的就是马克思主义理论。马克思主义理论是无产阶级及其政党认识和改造世界的工具，列宁始终将马克思主义理论作为党的科学指导思想和理论基础来看待，强调马克思主义理论对党的建设和事业的伟大指导意义。

第一，坚持和正确对待马克思主义。列宁强调无产阶级执政党必须坚持以马克思主义为指导的重要意义。他指出：我们完全以马克思的理论为依据，因为它第一次把社会主义从空想变成科学，给这个科学奠定了巩固的基础，指出了继续发展和详细研究这个科学所应遵循的道路。与此同时，列宁还强调必须正确对待马克思主义。他认为，各国无产阶级政党都具有自身的特殊性，不能把马克思主义当作僵化的教条，不能盲目地照搬照抄，必须以本国的实际为依据。列宁指出：我们认为，对于俄国社会党人来说，尤其需要独立地探讨马克思的理论，因为它所提供的只是总的指导原理，而这些原理的应用具体地说，在英国不同于法国，在法国不同于德国，在德国又不同于俄国。

第二，对全党进行马克思主义理论教育。列宁认为，无产阶级政党成为执政党后，在领导国家进行社会建设的过程中，马克思主义就成为党和国家一切工作的指导原则，必须不断提高全党的马克思主义理论水平。为此，1919年3月，在列宁主持召开的俄共（布）第八次代表大会上，对举办高级和地方党校问题进行了讨论，形成了制度规定，并制定了针对全体党员的教育提纲。列宁还直接参与了第一所高级党校的教学计划和教学大纲的制定工作，并多次给学员作讲演。之后，在列宁主持召开的俄共（布）十大、十一大上，都把开展全党的共产主义教育活动问题作为主要议程进行研究讨论，提出了充分利用各级党校和党的出版物、广播等对全体党员进行共产主义教育，加强对新党员的思想理论教育，认真学习马克思主义基本理论，在实际工作中有效发挥老党员的教育示范作用等建议，并制定了相应规定。

二、无产阶级执政党必须加强组织建设

列宁指出，党组织应该是严密的，由中央和地方组织以及全体党员组成的统一整体。党应当是组织的总和（并且不是什么简单的算术式的总和，而是一个整体）。党只有成为团结统一的组织整体，才能团结和领导无产阶级取得革命斗争的胜利。因此，必须加强党的组织建设。

第一，建立民主集中制，确立正确的组织原则。在1905年召开的布尔什维克塔墨尔福斯代表会议的文件中，民主集中制作为正式的、由党的决定加以合法化的原则用语而出现。列宁主张实行民主集中制，他指出：为了保证党内团结，为了保证党的工作集中化，还需要有组织上的统一，……如果没有正式规定的党章，没有少数服从多数，没有部分服从整体，那是不可想象的。在俄国社会民主工党第四次代表大会上，民主集中制原则被写入了党章，党的一切组织应该是按照民主集中制的原则建立起来的。之后，列宁把民主集中制原则推广到了共产国际的各国无产阶级政党。在《加入共产国际的条件》中明确规定：加入共产国际的党，应该是按照民主集中制的原则建立起来的。把民主集中制作为一条原则写进党章之中，是对马克思主义政党理论的重大发展。

第二，重视党员发展建设，纯洁党的队伍。党员队伍建设是党的组织建设的重点。而党员队伍建设不光要注重数量的发展，更要注重提高党员队伍的质量。列宁曾经指出：世界上只有我们这样的执政党，即革命工人阶级的党，才不追求党员数量的增加，而注意党员质量的提高和清洗“混进党里来的人”。无产阶级政党在掌握政权之后，许多党员产生了松懈情绪，一些心怀不轨的人也垂涎执政党的权力，因此，列宁提出，以健康的强有力的先进阶级作为依靠的执政党，要善于纯洁自己的队伍，要对党员进行考察管理，加强党员发展的考核机制，以提高党员质量，纯洁党员队伍，就成了无产阶级执政党组织建设的重要内容。

对于党员的管理和发展，列宁进行了积极而有益的探索。主要包括两个方面：一方面，对入党环节进行严格管理。列宁反复强调，党所需要的是经受过严峻考验、真正忠于党和国家的先进分子，那些只图享受和妄图谋取权力的人，是不能成为党员的。在吸纳党员的过程中，要深入了解其入党动机，对其进行严格的考察，考察是否达到党员标准。因此，根据列宁的建议，苏共八大修改了党章，增加了预备党员的条文，规定了不同社会成分新党员的预备期，这对于提高党员质量产生了积极作用。另一方面，通过清党工作纯洁党员队伍。无产阶级革命在俄国取得成功后，由于无产阶级政党转变为执政党，执政党的诱惑力促使一些非无产者加入了党的队伍，党员人数迅速增加，社会成分变得十分复杂。随之而来的，是工团主义和无政府主义倾向在党内的出现。为了克服这种情况，俄共（布）在列宁的正确领导下，于1919年和1921年开展了两次清党工作。在清党的过程中，列宁强调指出，必须把欺骗分子、官僚化分子、不忠诚分子和不坚定的共产党员以及虽然改头换面但内心里依然故我的孟什维克从党内清除出去，必须把脱离群众的分子清除出党。清党工作对于纯洁党的队伍，提高党员质量，起到了很好的推动作用。

第三，严守党的纪律。列宁十分强调纪律的重要性，他指出，无产阶级无条件的集中和极严格的纪律，是战胜资产阶级的基本条件之一，严格的纪律是发挥党的领导作用，实现党的团结统一，履行党的路线和方针所不可或缺的条件。因此，列宁强调党必须有自觉的、严格的、铁一般的纪律规范，要求党的各级组织和党员要严格执行上级党组织的决议，遵守党的纪律，以此来增强党的凝聚力和战斗力，确保党的组织建设的顺利进行。同时，列宁还强调，在纪律面前要人人平等，不仅要求普通党员，而且要求上层人物履行党员的义务，党内不允许有不遵守纪律的特殊党员，更不能存在可以不服从纪律的上等人物和特权人物。党的各级领导干部和普通党员都必须无条件地维护纪律的严肃性和权威性。

三、无产阶级执政党必须加强党风建设

列宁清醒地认识到，俄国无产阶级政党在完成了由革命党到执政党的历史转变，掌握了一定的权力后，党内开始出现一些新的问题，权力运行得不规范使得一些党员的心态发生了变化，党内的浮躁情绪有所增加，这给党的执政地位的巩固带来了严峻的挑战。因此，列宁十分注意加强无产阶级执政党的作风建设，要求通过规范化建设，在党内形成良好的风气，巩固无产阶级执政党的执政地位。

第一，要防止骄傲自大情绪的出现。列宁认为，党处于执政地位后，党的思想作风建设的一个重要问题就是要防止骄傲自大情绪，避免被胜利冲昏头脑。1921 年 10 月，列宁在全俄政治教育局第二次代表大会上的讲话中强调，共产党人的骄傲自大是党的三大敌人之一（其他两大敌人是文盲和贪污），他指出：我们党目前也许会陷入十分危险的境地，即变得骄傲自大起来。这是十分愚蠢、可耻和可笑的。大家知道，一些政党有了骄傲自大的可能，这往往就是失败和衰落的前奏。因此，列宁号召全体党员必须克服骄傲自大的情绪，自觉地与其作斗争。同时，要防止贪污腐化现象的出现。列宁认识到高额薪金具有腐化作用，对于巴

黎公社时期实行的工资制大加赞赏，于1917年11月18日主持通过了《人民委员会关于高级职员和官员的薪金额的决定草案》，要求降低企业和国家机关团体中高级职员和官员的薪金，以此防止党内特殊化和腐化现象的产生；同时，不允许党员享有任何优先权，尤其反对党员利用职权搞特殊化，要求明确各级干部的待遇，使国家机关的职务真正成为无利可图但是荣耀的职务。

第二，加强民主监督，克服官僚主义。取得执政地位后，官僚主义开始在党内逐渐滋生和蔓延，严重危害了党的形象和执政地位的巩固。列宁对于官僚主义深恶痛绝，他指出，官僚主义侵蚀党的肌体，危害国家政权，“我们所有经济机构的一切工作中最大的毛病就是官僚主义。如果说有什么东西会把我们毁掉的话，那就是官僚主义”。因此，他强调，无产阶级执政党要消除各种不正之风及官僚作风，加强对掌握和运用权力的制约，要加强对领导干部和党员的监督和控制，防止他们由人民的公仆变成人民的主人。

列宁提出要用民主监督的方式来消除官僚主义。列宁指出，监督是克服官僚主义，防止权力腐败，保证党的健康发展的关键，是使共产主义社会正常地运转所必需的主要条件。要确保权力行使者完全按照人民的意愿来行使权力，就必须对权力行使者进行监督控制。列宁特别重视人民监督权的行使，十月革命后，列宁立即着手建立新的监督机制，提出了以权利制约权力的方针，主张用人民的政治权利（主要是选举权、罢免权和监督权），通过自下而上的群众监督，去制约国家权力。在论及选举权时，列宁指出，选举的公开是民主的前提，也是通过选举进行监督的前提，没有公开性而谈民主制是很可笑的。在论及罢免权时，列宁指出，只有承认和实行选举人对代表的罢免权，才能被认为是真正民主的和确实代表人民意志的机关。为了保护群众的监督权，列宁要求各级苏维埃机关对于群众的批评、建议、检举、控告、指令要及时处理，同时严惩打击报复行为。

列宁积极推动党内监督体系的建立。他认为，应当让工人进入国家机关，行使监督权利。1920 年 2 月，根据列宁的建议，苏维埃在原国家监察部的基础上成立了有大批工农群众参加的工农检查院，其主要职责是对一切国家机关和工作人员守法与执法情况进行监督。在同年举行的党的第九次代表大会上，又成立了中央监察委员会，由党的代表大会选举产生，只对党的代表大会负责。各级监察委员会必须与同级党委会平行，有同等的权力。列宁还努力为监督体系提供法规保障，起草了第一个有关监督的法令，即《工人监督条例》。列宁在晚年又提出了将改组后的工农检查院与中央监察委员会合并的主张，把党内监督和群众监督有机结合，强化了监督效果。

第三，保持同人民群众的密切联系。列宁在总结无产阶级政党进行无产阶级革命，取得政权的经验和分析作为执政党所面临的情况变化的基础上，提出了要正确处理党和人民群众的关系问题。列宁指出，布尔什维克党之所以能取得革命的胜利，夺取国家政权，关键就在于得到了广大群众的支持和拥护。在取得执政地位后，如何带领人民进行社会主义建设，就成为无产阶级执政党的新任务，而这一任务的完成，同样也需要依靠人民群众，无产阶级执政党的力量源泉就是保持同人民群众的密切联系。他在批评一些患有左派幼稚病的共产党员时指出，先锋队只有当它不脱离自己领导的群众并真正引导全体群众前进时，才能完成其先锋队的任务。

列宁把党脱离群众看成是最大的危险。他清醒地认识到，无产阶级政党执政后，由于地位的提高和权力的增大，脱离群众的危险大大增加。他告诫全党：对于一个作为工人阶级的先锋队来领导一个大国在暂时没有得到较先进国家的直接援助的情况下向社会主义过渡的共产党来说，最严重最可怕的危险之一，就是脱离群众，我们的当前任务，就是要最迅速、最有效和最切实地帮助这些年轻的党员成长，把他们培养成建设共产主义的干部，使他们最有觉悟，能够胜任最重要的职务，并且同群众即同大多数工人和不剥削他人劳动的农民保持最密切的联系。

为了防止党脱离群众，列宁要求国家机关负责人定期向人民代表大会汇报工作，领导干部要亲自处理群众的来信和来访，积极深入群众。列宁还经常教育广大党员，在人民群众中，我们毕竟是沧海一粟，只有正确地表达人民的想法，我们才能管理。否则共产党就不能率领无产阶级，而无产阶级就不能率领群众，整个机器就要散架。晚年在病重的情况下，列宁依然十分关心密切党群关系问题，他建议俄共（布）十二大从工人和农民中选出 75—100 名（这当然是大致的数字）新的中央监察委员，这样，中央委员会本身所得到的好处无疑不会少于工农检查院，这个好处就是，中央委员会能增进同群众的联系，使它的工作更有条理、更扎实。

第四，有效开展批评与自我批评。自觉地运用批评与自我批评这一武器，是无产阶级执政党具备的优良作风。无产阶级执政党所领导的是一项史无前例的崭新事业，既面临来自各个方面前所未有的压力和挑战，又没有现成的经验可以参考和借鉴。在这种情况下，无论是党组织还是个人，都难免会有失误，甚至犯错误。

列宁认为，正确地开展批评与自我批评，是党的生命力所在。一个政党对自己的错误所抱的态度，是衡量这个党是否郑重，是否真正履行它对本阶级和劳动群众所负义务的一个最重要最可靠的尺度。公开承认错误，揭露犯错误的原因，分析产生错误的环境，仔细讨论改正错误的方法——这才是一个郑重的党的标志。每一个党员都要敢于揭露错误，反思错误，改正错误，从错误中得到经验教训，这样才能不断取得进步。

第三节 毛泽东的党建思想

一、加强党的自身建设的思想

毛泽东高度重视党的自身建设。毛泽东认为中国共产党在革命中战胜敌人的三大法宝中，党的建设是关键因素。早在抗日战争时期，毛泽东就分析了党在抗战中取得的成绩，分析了党自身的弱点，强调要“纠正自己的弱点，发展我们的工作，使党能在抗战中起决定的作用”。毛泽东认为这是最终取得抗日战争胜利的重要条件。毛泽东还提出“党内的团结一致是战胜日寇的先决条件”，这些深刻表明了加强中国共产党自身建设，对于中国革命和建设的决定性意义。相比马克思主义经典作家探索党的建设伊始，中国共产党自身的建设有许多自身的特点，比如：党成立之初即鲜明地提出以马克思列宁主义为建党原则和理论基础，有科学的指导思想和良好的思想基础；还有广泛而牢固的具有彻底革命性的工农联盟，阶级基础深厚。虽然中国共产党的建设有自身的优势，但也有特殊的困难，比如：农民和小资产阶级思想影响深远，这是中国共产党自身建设的一个特殊的首要问题；党的建设又是在武装斗争的艰苦环境中进行的。在总结中国革命胜利经验时，毛泽东指出加强党的自身建设是革命胜利的三大法宝之一。这一思想对当今的中国共产党来说仍有指导意义。

二、党的思想建设理论

毛泽东特别着重于从思想上建党，把思想建设放在加强党的建设的突出位置，这是对无产阶级政党建设思想的继承和发展。中国共产党诞生于半殖民地半封建社会，虽然工人阶级是先进生产力的代表，但因为中国的资本主义并不充分，再加上大革命失败后，党在城市中难以立足，进而转向国民党统治比较薄弱的农村和山区开展斗争，这决定了党的成员构成很难纯净和纯粹的以工人阶级为主，农民和小资产阶级虽然斗争态度比较坚决，但充斥其间的各种非无产阶级思想和非马克思主义思想也比较严重。建党之初，党内无产阶级思想和非无产阶级思想的斗争，就成为早期中国共产党的一个极其严重的矛盾，一个必须解决的问题。毛泽东及早发现了这一问题，并提出了思想建党、组织上入党和思想上入党的统一的重要理论。毛泽东指出党的思想建设的中心环节是加强思想教育，并在古田会议决议中明确阐述了思想教育的重要意义。毛泽东认为党的理论教育是做好思想教育的高层次问题。延安整风时期，毛泽东带头成立了学习小组，制定研究课题，带领党的高级领导干部深入学习研究马克思主义理论，强调要树立马克思主义学风，以反对教条主义、经验主义给党的发展带来的危害。中华人民共和国成立以后，中国共产党成为执政党，毛泽东科学地预见到执政党思想建设的首要问题是拒腐防变。挫折、艰险和失败或许不能击垮党员的意志，但顺境时的赞美和裹着糖衣的炮弹攻击，则往往会使一些领导干部败下阵来。在中国革命过程中，毛泽东探索了党的思想建设的形式，创造了通过整风达到统一全党思想的方式，丰富和发展了马克思、恩格斯、列宁的党建思想。

三、党的组织建设理论

大革命失败以后，面对党内思想不纯的现状，毛泽东提出将支部建在连上的重要方法，以统一党的思想，纯洁党的组织，提升党的战斗力。长期革命斗争实践证明，这一原则策略不仅是有效的，而且是必须的，是对马克思、恩格斯关于党的组织建设理论在军事工作方面的进一步发展。中国共产党是按照民主集中制原则组织和发展起来的。为了加强党的组织建设，毛泽东提出了党的干部任用标准，即“任人唯贤，德才兼备”。毛泽东认为只有造就千百万又红又专，在革命大风大浪中锻炼成长起来的干部，才能把党建设成为巩固的布尔什维克党，也才能保证无产阶级革命事业后继有人。毛泽东还认为严格党的纪律是加强党的组织建设的前提。井冈山革命时期，毛泽东就创造性地吸收以往的治军思想，主持制订了著名的三大纪律六项注意（后发展为三大纪律八项注意）。实践证明，严明的纪律确保了党的战斗力、先进性和纯洁性，保证了全党始终朝着既定的目标和方向不断前进，确保了党同群众的密切联系，是党做好各项工作的前提基础。

四、党的作风建设理论

毛泽东一贯重视党的作风建设，并把它上升至党性的高度来看待。在长期的革命实践过程中，为了密切党和人民群众的关系，毛泽东独创性地提出了通过整风的形式，加强党的作风建设的方法。在中国共产党的历史上有过三次整风运动。实践表明，每次整风运动都是党的一次历练。在整风过程中把思想建设放在首位，动员广大人民群众积极参与，把整风和整党、建党结合在一，坚持“惩前毖后，治病救人”的方针，积极开展批评和自我批评。每次整风运动都极大地从思想上组织上端正了党风，凝聚了党的力量，为完成党在各个历史阶段的任务提供了保证。因此，党的三大作风不仅是中国共产党区别于其他政党的主要标志，也是中国共产党带领民众取得新民主主义革命胜利的基本经验。中华人民共和国成立以后，作为执政党的中国共产党，党员干部面临着如何正确行使权力，做到全心全意为人民服务的严峻考验。因此，执政后，党如何密切党群关系，不断增强拒腐防变的能力，防止党员干部蜕化变质，是党的作风建设必须着力解决的问题。为此，毛泽东领导开展了“三反”斗争，即“反贪污、反浪费、反官僚主义”。针对党执政后的特点，毛泽东还提倡全党要坚持实事求是和密切联系群众的作风，并号召全党要坚持艰苦奋斗的作风，毛泽东认为这是中国共产党的政治本色。毛泽东关于加强党的作风建设的论述和实践做法，至今仍有很强的实践针对性，是党加强党风廉政建设的重要思想武器。

第四节　中国特色社会主义理论体系中关于党的建设理论

一、邓小平的党建理论

邓小平的党建理论，主要指集中全党智慧就在改革开放的条件下为什么建设党、建设什么样的党、怎么样建设党等根本问题进行了重要探索。其主要理论观点有：1. 重新恢复和确立实事求是的思想路线。邓小平强烈反对“两个凡是”错误思想路线，强调“不能够只从个别词句来理解毛泽东思想，而必须从毛泽东思想的整个体系去获得正确的理解”。2. 坚持正确的组织路线。邓小平强调要贯彻落实正确的组织路线，培养党和社会主义事业的接班人。3. 注重党的制度建设。4. 注重党的纪律和作风建设。5. 提出“一个中心、两个基本点”的政治路线。6. 强调坚持全心全意为人民服务的宗旨和党的群众路线。总的来看，邓小平的党建理论是对马克思主义党建思想和毛泽东党建思想的继承、丰富和发展，是中国共产党在改革开放的条件下探索社会主义执政党建设规律的新成果。

二、“三个代表”重要思想关于党的建设理论

“三个代表”重要思想包括党的建设理论，其内容集中体现在江泽民同志《论“三个代表”》《论党的建设》《江泽民论加强和改进执政党建设（专题摘编）》《江泽民文选》等重要文献中，其主要观点有：1. 关于党的性质宗旨。2. 强调加强党的思想建设。3. 注重党的基层组织建设。4. 注重党的干部队伍建设和领导班子建设。江泽民阐述了对党员干部“严是爱、宽是害”的辩证关系，强调领导干部要发挥示范和带头作用，要严格执纪执法，开展反腐败斗争，同时加强思想教育。

三、胡锦涛的党建理论

党的十六大以来，以胡锦涛为总书记的中国共产党中央领导集体集中全党智慧，继续深化管党治党的探索，丰富和发展了党的建设理论。其主要观点有：1. 思想理论建设是党的建设的根本。2. 高度重视党的执政能力建设。3. 注重党的作风建设。4. 党的先进性建设是关系马克思主义政党生存发展的根本性问题。5. 强调通过制度建设反对腐败。

第五节　习近平新时代党的建设重要论述

党的十九届六中全会通过的“历史决议”指出：“明确全面从严治党的战略方针，提出新时代党的建设总要求，全面推进党的政治建设、思想建设、组织建设、作风建设、纪律建设，把制度建设贯穿其中，深入推进反腐败斗争，落实管党治党政治责任，以伟大自我革命引领伟大社会革命。”党的十八大以来，习近平总书记高度重视党的建设，并对党的建设总要求进行了一系列深入阐释与解读。

一、政治建设

“把党的政治建设摆在首位”，是习近平同志在的党的十九大报告中就新时代党的建设提出的重大命题。他强调：“党的政治建设是党的根本性建设，决定党的建设方向和效果。”新时代，大力推进党的建设新的伟大工程，把我们党建设得更加坚强有力，要求我们旗帜鲜明加强党的政治建设，时刻绷紧讲政治这根弦。要把准政治方向。习近平同志强调，我们所要坚守的政治方向，就是共产主义远大理想和中国特色社会主义共同理想、“两个一百年”奋斗目标，就是党的基本理论、基本路线、基本方略。要加强党的政治领导。党政军民学，东西南北中，党是领导一切的。我们要坚决维护习近平同志党中央的核心、全党的核心地位。党员干部特别是领导干部必须增强“四个意识”，坚定“四个自信”，坚决做到“两个维护”。要夯实政治根基。习近平同志强调，加强党的政治建设，要紧扣民心这个最大的政治，把赢得民心民意、汇集民智民力作为重要着力点。要涵养政治生态。习近平同志强调，加强党的建设，必须营造一个良好从政环境，也就是要有一个好的政治生态。涵养政治生态是加强党的政治建设的基础性、经常性工作，是检验管党治党是否有力的重要标尺。要防范政治风险。习近平同志强调，我们党在内忧外患中诞生，在磨难挫折中成长，在战胜风险挑战中壮大，始终有着强烈的忧患意识、风险意识。增强忧患意识，做到居安思危，是治党治国必须始终坚持的一个重大原则。要提高政治能力。面对新时代新形势新要求，党员干部特别四领导干部要提高政治站位、增强政治担当，善于从政治上分析问题、解决问题。

二、思想建设

思想是行动的先导，对于执政党而言，有什么样的思想认识就会有什么样的执政行为。习近平十分重视党的思想建设，突出强调要从以下几个方面加强党的思想建设：首先，必须始终坚持解放思想和实事求是的思想路线。他指出，解放思想与实事求是是辩证统一的，各级领导干部要继续解放思想、坚持实事求是，以科学态度对待马克思主义，用发展着的马克思主义指导新的实践。其次，强调理想信念对执政党思想建设的重要意义。他指出，“坚定理想信念，坚守共产党人精神追求，始终是共产党人安身立命的根本。”他还将理想信念形象地比喻成共产党人精神上的“钙”,认为“没有理想信念,理想信念不坚定，精神上就会‘缺钙’，就会得‘软骨病’”。第三，强调学习对于党的建设的重要作用。他说：“中国共产党人依靠学习走到今天，也必然要依靠学习走向未来。”他还强调党员干部要通过坚持不懈学习，学会运用马克思主义立场、观点、方法观察和解决问题，坚定理想信念。

三、组织建设

我们党历来高度重视组织建设工作，在选拔任用干部时注重“德才兼备”“任人唯贤”。党的十八大以来，面对改革、发展、稳定的艰巨任务，面对进行具有许多新的历史特点的伟大斗争，习近平同志指出：关键在党，关键在人。他把“政治路线确定之后，干部就是决定的因素”这一党的历史经验成功运用于组织建设的实际工作中，围绕选人用人、好干部的培养使用等问题提出了一系列新观点。首先，分析说明选人用人工作的极端重要性，指出要始终把选人用人作为关系党和人民事业的关键性、根本性问题来抓。其次，明确指出“好干部”的五条标准，即好干部要做到信念坚定、为民服务、勤政务实、敢于担当、清正廉洁。再次，突出强调成长为“好干部”的两个条件：一靠自身努力，二靠组织培养。最后，清晰阐明了把“好干部”用起来的制度保障，即建立健全科学有效的选人用人机制。

四、作风建设

习近平总书记认为作风问题本质上是党性问题，抓作风建设，就要返璞归真、固本培元。党的十八大召开不久，党中央带头制定和严格执行了改进工作作风、密切联系群众的“八项规定”。习近平指出，八项规定既不是最高标准，更不是最终目的，只是我们改进作风的第一步，是我们作为共产党人应该做到的基本要求。在作风建设的长期性和艰巨性上，他认为作风建设永远在路上，要在抓常、抓细、抓长上下功夫。在作风建设的制度保障上，他要求通过深化改革，从体制机制层面进一步破题，为作风建设形成长效化保障。在作风建设的具体要求上，他提出四点要求：一是正确认识和处理人际关系，站稳党性立场，维护人民利益；二是下决心减少应酬，保持健康的工作方式和生活方式，自觉远离那些庸俗的东西；三是实实在在做人做事，做到严以修身、严以用权、严以律己，谋事要实、创业要实、做人要实；四是对一切腐蚀诱惑保持高度警惕，慎独、慎初、慎微。

五、纪律建设

习近平反复强调反腐败的重要性，把反腐败斗争提到关系党和国家生死存亡的高度来认识。在基本要求方面,凸显“长”“常”二字,指出“反腐倡廉必须常抓不懈，拒腐防变必须警钟长鸣”；在战略部署方面，凸显“制度”的重要性，既从根本原则上强调要“把权力关进制度的笼子里，形成不敢腐的惩戒机制、不能腐的防范机制、不易腐的保障机制”，又从实践层面强调要加强反腐倡廉党内法规制度建设，让法律制度刚性运行；在目标任务方面,凸显“零容忍”的态度,强调要坚持“老虎”“苍蝇”一起打，努力实现干部清正、政府清廉、政治清明。

六、制度建设

制度建设是思想建设、组织建设、作风建设、反腐倡廉建设等各项建设的根本落脚点。制度问题更带有根本性、全局性、稳定性、长期性。他的制度建设理论除了体现在“把权力关进制度的笼子里”“坚持用制度管权管事管人”等著名论断外，主要着眼于以下两个方面：一是着眼于建立“什么样”的制度,提出“于法周延、于事简便”的原则。他认为,“不管建立和完善什么制度，都要本着于法周延、于事简便的原则，注重实体性规范和保障性规范的结合和配套,确保针对性、操作性、指导性强”。二是着眼于增强制度运行的效力,提出“制度硬约束”的思想。他指出，“制度一经形成，就要严格遵守，坚持制度面前人人平等、执行制度没有例外，坚决维护制度的严肃性和权威性，坚决纠正有令不行、有禁不止的各种行为，使制度真正成为党员、干部联系和服务群众的硬约束”。习近平制度建设思想充分体现了在加强和改进党的建设过程中要有制度可依、有制度必依、执行制度必严、违反制度必究，让党内各项法规制度刚性运行起来。

第三章 基层党的建设科学化的探索历程和基本经验

第一节 新民主主义革命时期党的建设科学化历程

一、初步建立时期：1921—1927 年

1922 年 7 月，党的二大通过《中国共产党章程》，首次明确规定了党的组织系统为五级：小组、支部、地方执行委员会、区执行委员会、中央执行委员会，规定在农村、工厂、铁路、兵营、学校广泛建立党的基层组织，“凡有党员三至五人者，均得成立党小组”，把党小组作为党的基本单位，党的基层组织建立了。1925 年 1 月，党的四大通过《中国共产党第二次修正章程》，第一次明确规定支部为党的基本单位，“有三人以上即可组织支部”“支部的组织是以产业和机关为单位，不能以机关为单位组织支部的小手工业者和商、工业的办事人则以地域为标准；支部的工作不能仅限于教育党员，吸收党员，还应在非党的群众中进行宣传”。1926 年 7 月，中共四届三中全会上，专题研究了基层支部建设工作，指出：“支部并不是分部，而是党在各工厂、矿山、学校及某区域的核心。布尔什维克党的组织，就是集合这许多的社会核心，而成为一个党。”会议提出了五条改进支部工作的意见。会议第一次提出了“布

尔什维克化”和“实行‘一切工作归支部’的口号”，指出必须纠正过去把地方的组织当作党的基础的错误，强调会后要“把党的真正基础建筑在各个支部上面”，要“建立强有力的支部干事会”，有计划地分配党员积极开展各项活动，使支部成为所在区域或单位的核心。

二、发展时期：1927—1937 年

毛泽东是基层组织建设最早的实践者。1925 年 6 月，他在韶山建立了全国农村第一个党支部；创建红军时期，又在连队中建立了第一批党支部。1927 年秋，毛泽东进行了著名的“三湾改编”，第一次明确提出把党的支部建在连上，以实现党对军队的绝对领导。1929 年 6 月通过的《中国共产党第三次修正章程决案》专列了党的支部为第七章，明确了支部的六项任务，规定“支部是党的基本组织”，“是党与群众直接发生关系的组织”，第一次在党章上明确规定支部的地位作用。1929 年 12 月的《古田会议决议》又重申“每连建设一个支部”的原则。毛泽东在井冈山时期创立的以“支部建在连上”为特征的党对军队绝对领导的制度，经党中央肯定和推荐，在各革命根据地普遍实行，从而使工农红军面貌焕然一新。“支部建在连上”是毛泽东早期建党思想的重要内容，也是党的建设的新创造。但总的说来，在党的六大以前，各地党组织的支部生活还很不健全。

党的六大以后，中央十分强调严格的支部生活。要求“一切同志都有支部，一切工厂中都有支部，一切支部都有支部生活”。担任中组部部长和军委书记的周恩来强调党的建设必须从支部做起，“支部是党的基础，群众的核心”，“没有健全的支部生活，就不能建立无产阶级政党的巩固基础”。他在《目前中国党的组织问题》一文中。具体规定了支部活动的内容，对发展党的基层组织产生了积极的影响。1930 年 9 月，党的六届三中全会提出党的中心组织任务，特别指出了“尤其要加强支部”，“尤其是支部在群众中的核心作用”，并对城市和苏区的党组织提

出了不同的要求，这是党第一次以中央决议的形式把苏区党组织工作放到重要地位来讨论，反映了党在农村的组织发展已具有相当规模，党的工作重心的转移已取得明显进步。

三、全面发展时期：1937—1945 年

抗日战争时期是我党迅速壮大走向成熟的时期，党的基层组织建设也得到了全面发展。1939 年陈云在《党的支部》中指出："支部是党的最下层的组织，也是党的最基本的组织。党的一切口号、主张、政策，依靠支部才能具体深入到群众中去。依靠支部在群众中日常的宣传组织工作，才能使广大群众团结在党的口号、主张、政策之下，进行革命运动。"文章对支部的基本任务进行了论述，认为支部是党团结群众的核心组织；支部是吸收党员的机关；支部是教育党员的学校；党支部要领导党、政、军、民、学各项工作。1940 年 10 月 17 日，中宣部发出《关于各抗日根据地内党支部教育的指示》，要求开展支部教育，要求要提高支部干部和党员的文化水平，使党员懂得怎样做一个共产党员，使支部干部熟悉如何领导支部工作及乡村工作。教育的内容包括怎样做共产党员、支部工作、统战工作、乡村工作、策略教育等。支部干部由县委负责训练，普通党员训练班采取巡回教育与流动训练班的方式。活动受到各地区各级党委的重视，广泛开展，收到很好效果，促进了支部全面发展。

四、巩固整顿时期：1945—1949 年

1945 年，刘少奇在党的七大作了《关于修改党章的报告》。他在谈到支部建设时指出："党的支部是党在人民群众中的工作单位，是党的领导机关与人民群众联系的桥梁，支部必须使人民群众与党的领导机关密切结合起来。"党的七大党章对党的基层组织作了比以往党章更详尽的规定，要求"在每一个工厂、矿山、农村、企业、街道、连队、机关、学校，等等之内。凡有党员三人以上者，即成立党的支部组织"。"凡有

党员和候补党员超过五十人之乡村，或超过一百人之工厂、机关和学校，得成立党的总支部。”“凡有党员及候补党员超过五百人以上之大乡镇、大工厂、机关和学校，得省委或地区党委之允许，得选举党的乡镇、工厂、机关、学校委员会。”并且规定支部的选举、任期和“四项任务”。解放前夕，我党在具备了整党条件的农村基层组织开始了整党运动，并在整党的基础上，对农村基层党支部进行了改选。经过整顿，各地普遍产生了新的支部委员会，健全了党支部的各项制度。如党内民主生活制度，支委会、小组会和党员大会等会议制度，群众对党员进行批评和监督的制度，使党支部成为基层的领导核心，为中华人民共和国成立以后党的基层组织建设创造了条件。

第二节　社会主义革命和建设时期党的建设科学化历程

一、发展健全时期：1949—1966 年

中华人民共和国成立后，1951 年第一次全国组织工作会议，决定对党的基层组织有计划、有准备、有领导地进行一次普遍整顿。不同部门、支部整顿的重点各不相同。机关支部的整顿是与“三反”运动、总结工作、整顿队伍、干部鉴定等工作结合进行的；工矿企业支部整顿中着重批判了资本主义的经营管理方法和旧的劳动态度，明确了依靠工人阶级的思想，树立共产主义的劳动态度；学校支部的整顿是结合思想改造和清理等工作进行的。农村支部的整顿是与生产及整顿互助合作组织等工作结合进行的。这次整顿持续三年多，共整顿了 25 万个支部，并在整顿的同时吸收了 282 万新党员，建立了 17 万个党支部，

在党内外广泛开展了关于共产主义与共产党的学习运动，使党的队伍更壮大，党的组织与党员的分布更普遍，党的质量更坚强，党与群众的联系更密切，从而推动了各项工作的进展，加强了党在国家建设中的领导作用。1954 年底，召开了全国农村党的基层组织工作会议，明确了过渡时期农村党的基层组织的任务，解决了农村支部组织形式问题，研究了农村支部如何加强农业生产合作社中的政治工作问题，并着重讨论了县、区委如何加强对农村支部的领导问题，对加强农村支部在互助合作中的作用起了积极作用。1956 年 9 月，在党的八大上，邓小平在《关于修改党的章程的报告》中强调“党的基层组织是党联系广大群众的基本纽带，经常检查和改进基层组织的工作，是党领导机关的重要政治任务”。党的八大的《中国共产党章程》进一步把支部、总支基层党委，统称为党的基层组织。至此，各级基层党组织、各级地方党委，直至中央委员会，构成了党完整的组织系统。

1958 年,在“大跃进”的特定历史条件下,开展了支部工作评比竞赛。随着“大跃进”的结束，支部工作评比竞赛也停止了。各地吸取了评比竞赛中的积极因素，对于提高党员觉悟、加强支部工作起了十分良好的作用。1962 年 10 月，中组部召开组织工作会议，指出在教育训练党员的同时，应有重点地整顿党的基层组织，在整顿中要特别注意纯洁和加强党的基层组织的领导核心。1963—1965 年的社教运动，是对党的基层组织工作的又一次整顿。1965 年 8 月，中组部向中央提出了三个加强党的建设的报告，着重提出了“怎样进行党支部的建设”的问题。报告认为：加强支部建设，关键是坚持和发扬三大作风，必须建立学习制度、联系群众制度、批评与自我批评制度。

二、停滞期：1966—1978 年

“文化大革命”十年，党的基层组织建设也遭到了破坏，处于停滞状态。

第三节　改革开放和社会主义现代化建设时期党的建设科学化历程

一、设置的调整：1978—1989 年

1982 年 2 月 14 日颁布的《中华人民共和国宪法》第一章第八条规定“农村人民公社、农业生产合作社和其他生产、供销、信用、消费等各种形式的合作经济，是社会主义劳动群众集体所有制经济。参加农村集体经济组织的劳动者，有权在法律规定的范围内经营自留地、自留山、家庭副业和饲养自留畜”。肯定了“家庭联产承包责任制”的合法地位。1983 年 10 月，中共中央、国务院根据《中华人民共和国宪法》设立乡政府。人民公社的三级所有、队为基础的体制结束。村党支部由原来的按生产大队设置改为按行政村设置。1983 年 10 月，《中共中央关于整党的决定》要求整顿一批软弱涣散的农村基层党组织。1987 年，党的十三大通过的《中国共产党章程部分条文修正案》，要求凡有党员三人以上的基层单位，都应当成立党的基层组织。这样，我国农村党的基层组织按乡、镇、村来设置，以党内法规的形式被确定下来。

在农村的新经济联合体中设立党支部。随着乡镇企业和村办企业的迅速崛起，为了加强对这些新经济组织的领导，1986 年，中共中央组织部发出《关于调整和改进农村中基层组织设置的意见》，对乡镇企业、跨村、跨乡、跨县的经济联合体、村办企业、个体工商户等经济组织中的党组织进行了明确规定，要求在这些经济组织中有三人以上的党员都要建立党支部，五十人以上的建立党总支。

在外出务工的流动党员中设立党支部。1986年中组部颁布实施了《关于调整和改进农村中基层组织设置的意见》(以下简称《意见》)，对农民工流动党员的组织设置和隶属关系做出了明确的规定。《意见》要求在农民工流动党员人数相对集中的地方设立流动党员党支部，由所在乡镇或村党组织领导。对于外出人数分散的农民工党员，要求流出地党组织负责为其转组织关系，监督他们返乡后参加组织生活，或者参加流入地党组织的活动。《意见》还对流动党员流地党组织的工作提出了要求，"各城乡党的基层组织，对外地党员按规定转来的组织关系应予以接纳，并及时将他们纳入党的组织，参加党的活动"。

二、制度的规范：1989—2002年

1.关于基层的党组织地位、作用、建设的总体要求的规定。1990年8月中组部等五部门在山东莱西召开了全国农村基层组织建设座谈会(即莱西会议)。会议根据莱西和全国其他地方村级组织建设的经验，形成了《全国村级组织建设工作座谈会纪要》。莱西会议进一步明确了农村基层党组织的领导核心地位，确立了以村党支部为核心的村级组织配套建设的工作格局。这次会议也因此成为农村基层组织建设史上的一次里程碑式会议。1993年，江泽民在《要高度重视农业、农村和农民问题》的讲话中进一步指出，"党支部能够真正发挥核心领导和战斗堡垒作用；村民委员会能够切实履行自治职能，管好本村事务；集体经济组织能够具备一定的经济实力，发挥好为农户服务的功能；其他村级组织能够各负其责，富有成效地开展工作"。党组织的设置由原来规定的行政村只可以设立村党支部，改为可以根据党员人数的多少成立党总支或党的基层委员会。要求有正式党员三人以上的村应当成立党支部；党员人数五十人以上的村，可以成立总支部；党员人数一百人以上的村，根据县级地方党委批准，可以成立党的组织委员会。并对隶属关系进行了明确，规定村党委受乡党委领导。党支部、村委会、集体经济组织领导成员可适当交叉任职。

关于党组织建设责任制的规定。1994 年党的十四届四中全会通过了《中共中央关于加强党的建设几个重大问题的决定》(以下简称《决定》, 提出“党的基层组织是党的全部工作和战斗力的基础”“基层党组织要结合各自特点做好工作，努力成为团结带领群众进行改革和建设的战斗堡垒”,“要建立健全责任制，把农村基层工作的好坏，作为考核县委和县委书记实绩的一个重要依据”。

《决定》强调:“农村乡（镇）党委和村党支部要认真贯彻执行党的农村政策，在深化农村改革，全面发展农村经济，建设精神文明，带领农民群众奔小康、实现共同富裕和共同进步中发挥核心领导作用”。奠定了农村党的基层组织建设史上的又一个重要里程碑。1994 年,《中共中央关于加强农村基层组织建设的通知》在农村基层组织中开展了创建“五个好”党支部活动。1997 年，中央对后进乡镇党委和村党支部进行整顿。党的十五届三中全会提出在市场经济条件下农村基层党组织的工作方法要由强迫命令转向说服教育、示范引导和提供服务。全国各地党组织初步形成了“党委结合中心任务抓，党委书记带头抓，常委分工负责抓，有关部门一起抓”的工作格局。

关于村党支部班子建设的规定。改革开放以来的农村工作实践证明，凡是奔小康走在前面的村，都有一个好的党支部。1999 年中央出台了《中国共产党农村基层组织工作条例》从制度上规范了农村基层党组织的设置与职责。一是明确了农村基层党组织的概念内涵；二是明确了农村基层党组织的设置标准；三是明确了农村基层党组织的主要职责。党的十六大进一步明确“坚持围绕中心、服务大局，拓宽领域、强化功能，扩大党的工作的覆盖面，不断提高党的基层组织的凝聚力和战斗力”为基层组织建设的指导方针和基本思路。

三、能力建设：2002—2012 年

党的十六大以来,农村开展了以创建“领导班子好、党员干部队伍好、工作机制好、小康建设业绩好、农民群众反映好”为主要内容的村、乡镇党委和县级农村基层党组织建设“三级联创”活动。党的十七大指出:“要落实党建工作责任制,全面推进农村、企业、城市社区和机关、学校、新社会组织等的基层党组织建设,优化组织设置,扩大组织覆盖,创新活动方式,充分发挥基层党组织推动发展、服务群众、凝聚人心、促进和谐的作用。”

这一时期的农村基层党组织建设,围绕新农村建设的任务和要求,以带领群众共同致富能力为主要目标。

1. 适应农业产业化发展的要求,适时调整组织设置。一是依托新经济、新社会组织建立党组织,实现党的建设与农村经济发展的相互融动。主要有:依托专业协会设置党小组;依托农业示范基地设置党小组;依托村民理事会分类设置民事调解、治安巡逻、新村建设理事等党小组;依托党员的流动特点设置党小组。支部的组织形式根据行业特征、产业链的地域分布幅度而定。二是采取“支部联建”的方式建立联合党组织,发挥先富带后富的带动作用。根据党的先富带后富,最终实现共同富裕的富民政策的要求,及实现生产要素优化配置和共同富裕的目标需要,突破地域和行业界限,通过村村联合、村企联合、村居联合等方式,建立联合党组织。

2. 进一步加强对外出务工的农民工流动党员的管理。一是向外出务工流动党员颁发《中国共产党流动党员活动证》,确定以流入地管理为主的原则。2006 年 12 月,中共中央组织部又向短期外出(6 个月以内)暂时无法转移组织关系的党员发放新版《中国共产党流动党员活动证》。流动党员凭证参加务工地党组织的活动,保证流入地党组织与流出地党组织能够相互联系,确保党员不论流动到哪里,都能参加党的组织生活,接受党组织的教育、管理和服务。二是积极探索建立城乡一体的党员动态管理机制。按照党的十七大报告精神“组织共建、资源共享”，积极探索新时期基层党组织设置和建设的新方式。

3. 围绕新农村建设，加强基层组织的干部队伍建设。一是以保持共产党员先进性教育活动为载体，培养和选拔了一批致富能力强、带领群众实现共同富裕能力强的党员干部（如组织实施“双培双带”工程），解决农村基层党组织领导干部人才缺乏的问题。二是实施大学生村干部计划。如招聘大学生担任农村基层干部、公开招考推行“一村一名大学生”计划、农村基层人才振兴计划、村村有大学生“村官”计划等，为新农村建设输入高素质和强能力的领导人才。中央组织部等有关部门决定，从 2008 年开始，用 5 年时间选聘 10 万名高校毕业生到村任职。该计划的实施有效地改善了农村基层干部队伍的年龄文化结构，为新农村建设增添了蓬勃的生机和活力。

4. 建立农村党员干部现代远程教育系统，创新了农村党员干部教育的手段和内容。2006 年以来，全国各地农村党员干部远程教育网站陆续开通，通过现代远程教育网络，对农民党员群众和干部进行党的政策理论、法律法规、实用技术的培训教育，为提高农村党员干部和群众的素质提供了重要的条件，使农村党员干部教育内容得到极大丰富，对农村基层党组织建设将起到重大推动作用。

总之，无论是在新民主主义革命时期，还是在社会主义革命、建设时期，我们党都十分重视基层组织建设，党的基层组织在不同时期，都发挥了极其重要的作用，在党的建设史和中国革命史上占有重要地位。历史经验表明：基层党组织建设既是我党执政的基础，又是党与群众联系的纽带与桥梁。只有党的基层组织充分发挥好桥梁和纽带作用，才能始终保持党同人民群众的血肉联系，才能保证党执政的基础稳如泰山。

第四节　基层党的建设科学化探索的基本经验

中国共产党在长期执政实践过程中，始终紧密围绕“建设什么样的党、怎样建设党”这个重大历史课题，不断总结且运用自身建设正反两方面经验，结合借鉴世界上一些执政党兴衰成败的经验教训，大胆探索并形成了中国共产党推进基层党组织建设科学化的基本经验。

一、坚持科学理论指导是基层党建科学化的思想基础

基层党组织建设科学化，首先是基层党组织建设指导思想的科学化。中国共产党自成立之时起，坚持以马克思主义理论为指导的同时，立足中国具体实际，经过长期的实践探索，形成了符合中国实际的、中国化的马克思主义，并将其作为中国共产党建设的指导思想。

在加强思想理论建设的同时，始终坚持科学理论的指导，确保党的建设能够沿着正确的轨道持续不断向前发展。以毛泽东同志为核心的第一代中央领导集体，坚持把马克思主义基本原理同中国革命实际相结合，在具体革命实践中，通过理论总结结合实践检验，实现了马克思主义中国化的第一次历史性飞跃，形成了毛泽东思想，指导中国共产党的基层组织建设。在中国共产党成为执政党之后，又坚持把马克思主义基本原理同中国具体实际和时代特征相结合，形成了包括邓小平理论、三个代表重要思想、科学发展观等重大战略思想在内的中国特色社会主义理论体系。进入新时代，以习近平同志为核心的党中央把马克思主义基本原理同中国具体实际相结合，与中国先进文化相结合，形成了习近平新时代中国特色社会主义思想，指导中国共产党以改革创新的精神，不断革

新党的基层组织建设实践，取得经济社会建设的辉煌成就。

思想理论建设，决定着基层党组织的建设方向，是党的各项建设的基础，是基层党组织建设科学化的内在要求。中国共产党在不断加强理论创新的基础上，把学习和运用马克思主义理论，作为对党员干部教育的中心内容，不断提高全党马克思主义理论建设水平。实践证明，坚持以与时俱进的思想理论建设为根本，用中国化的马克思主义武装全党，党和国家事业的发展，就有了坚实的理论基础，以及正确的前进方向和强大的精神动力。

二、坚持改革创新是基层党建科学化的内在动力

改革创新，是基层党组织建设科学化的基本精神。中国共产党正是始终坚持改革创新精神，不断改进和完善基层党组织建设，才使基层党组织建设理论与建设实践充满生机与活力。

中国共产党在领导中国革命、建设和改革过程中，拒绝僵化套用马克思主义理论，坚持与教条主义进行斗争，坚持创新发展，运用创新思维，把马克思主义基本原理同中国具体实际相结合，对新形势下的国情、世情及世界政治经济走向做出科学把握，重新定位民族生存发展问题，找到了民族复兴之路。

从提出加强党的自身建设，到不断推进党的建设新的伟大工程，再到确立以思想建设、组织建设、作风建设、制度建设和反腐倡廉建设“五位一体”党建总体布局；从党的性质和宗旨的确定，到不断推进党的执政能力建设、先进性建设；从民主集中制原则的提出，到实行差额选举、实行党务公开等扩大党内民主的具体举措，再到科学执政、民主执政、依法执政理念的确立，基层党组织建设在理论与实践之上取得了一系列的创新成果。实践证明，坚持继承创新相结合，坚持以时代发展的要求求审视自己，坚持以改革创新精神来提高和完善自己，是中国共产党保持先进性与增强创造力的决定性因素。

推进基层党组织建设科学化，既要发扬传统，又要改革创新；既要善于破解基层党组织建设过程中的难题，又要善于探索提高基层党组织执政能力与保持先进性的有效途径，努力做到理论上不断创新，实践上不断发展，切实提高基层党组织建设科学化水平。

三、坚持巩固群众基础是基层党建科学化的力量之源

历史证明，党的根基在人民。密切联系群众，是中国共产党最大的政治优势，脱离群众，是党执政后最大的危险。推进基层党组织建设科学化，必须坚定不移，始终为了人民群众，始终依靠人民群众，全心全意为人民群众服务，以广大人民群众为力量之源，从中汲取前进的不竭动力。

密切联系群众，为人民群众谋利益，是推动基层党组织建设科学化的最终目标。中国共产党从成立之日起，就把代表群众的利益、实现人民解放作为任务与目标，在革命、建设和改革的各个时期，都提出了符合时代要求的群众路线，带领广大人民群众取得了一个又一个的伟大胜利。中国共产党始终善于团结和依靠群众来加强和改进自身建设。首先，人民群众的支持为推进基层党组织建设科学化提供了群众基础。从革命时期提出“兵民是胜利之本”，以此为指导，团结和发动了广大的人民群众，不断壮大党的力量，取得了新民主主义革命的胜利；社会主义现代化建设时期，动员和带领广大人民群众投身到社会主义现代化建设之中，形成了最广泛的爱国统一战线，并以适应新形势、应对新问题为出发点，加强和改进新形势下基层党组织建设，推动基层党组织建设科学化不断向前发展。其次，广大人民群众的支持与监督，为推进基层党组织建设科学化提供了动力保证。中国共产党历来重视人民群众对党建工作的监督，革命时期，中国共产党基层组织制定了严格的组织纪律，虚心接纳根据地人民群众的监督建议。中华人民共和国成立之后，中国共产党确立人民代表大会制度为我国根本政治制度，形成了中国共产党领

导下的多党合作与政治协商制度，党的各项工作都广泛接受了来自各民主党派、无党派人士和广大人民群众的监督，他们指出基层党组织建设存在的突出问题，对克服党内消极腐败，推动基层党组织建设科学化起到了积极的促进作用。因此，与人民群众保持血肉联系，不断推进基层党组织建设科学化，塑造党的良好形象，提高党治国理政能力，这样才能始终赢得人民群众的支持和拥护，才能巩固党的执政基础。

四、坚持加强党内民主是基层党建科学化的根本保证

党内民主，就是全体党员在党内享有当家作主的政治权利。通过加强党内民主建设，充分调动广大党员、干部的积极性、主动性和创造性，从而增强基层党组织的生机与活力，永葆党的先进性。加强党内民主建设，是党的建设科学化的集中体现。

党内民主是党的生命，这是中国共产党从深刻的历史经验教训中总结出来的基本经验。毛泽东发表的《为争取千百万群众进入抗日民族统一战线而斗争》一文，指出“要党有力量，依靠实行党的民主集中制去发动全党的积极性”。中国共产党十一届三中全会以后，邓小平在总结党内民主发展历史进程的基础上向全党强调“没有民主就没有社会主义，就没有社会主义的现代化”，指出“发展党内民主的关键是要使民主制度化、法制化，要坚持和健全集体领导制度、防止权力过分集中”。党的十八大以来，中央积极推进党内民主理论、实践和制度创新，使党内民主建设同党的思想、组织、作风、制度及反腐倡廉建设紧密联系相互促进，共同发展，推动了新世纪新阶段党内民主建设的发展。在新的历史时期，必须加快推进党内民主建设，坚持和完善党内民主制度，以党内民主建设促进提高党的基层党组织建设科学化水平。

五、始终坚持培育优良作风是基层党建科学化的强大助力

党的作风事关党的整体形象，是党的性质与宗旨的重要体现，是党在领导革命及建设实践中形成的，能较为稳定反映党的基本特征与内在

品格的整体精神风貌。中国共产党十分重视党的作风建设，切实从思想作风、工作作风、领导作风和干部生活作风等诸多方面推进党的作风建设。在作风建设实践中，中国共产党形成了解放思想、实事求是的思想作风，理论联系实际的学习作风，遵守党纪国法、密切联系群众的工作作风，艰苦奋斗、清正廉洁生活作风。正是这些优良的作风，保持了党的先进性和纯洁性，增强了党的创造力和战斗力，为基层党组织的建设创造了良好的氛围，为推动基层党组织建设科学化提供了助力保障。

中篇

分论

第四章　新社会组织党的建设科学化问题

第一节　新社会组织党建工作与基层治理的关系

党的十九大强调，“要加强社会治理制度建设，完善党委领导、政府负责、社会协同、公众参与、法治保障的社会治理体制，提高社会治理社会化、法治化、智能化、专业化水平。”“打造共建共治共享的社会治理格局。”随着改革开放的不断深入，我国社会结构发生深刻变化，这一时期，社会组织如雨后春笋般发展起来，成为社会治理现代化建设的一股重要力量。与政府组织和经济组织相比，社会组织具备自身的独特属性，即非政府性、非营利性、志愿性、公益性，因而它的运行过程相对灵活，在社会治理中可以更好地发挥重要作用。

一、社会组织是公众诉求的传递者

社会组织产生于基层，成员主要来自于社会基层，与民众关系十分密切，是基层社会发展的需要，是基层社会进步的体现。社会组织通过自身的活动，与民众直接打交道，有利于发现问题，通过在基层社会的走访和调查，能更真切地了解民众的困难和需求。由新社会组织将这些个体的、分散的、局部的利益诉求，通过座谈、会面、听证、参政和议政等方式进行有效的汇聚和整合，理性地向政府或有关部门进行表达，成为政府社会治理创新的主要手段。

二、社会组织是公共服务的执行者

国家越来越重视社会各类主体的参与，越来越重视社会组织的协同共治。在公共服务领域，越来越重视社会组织的参与。新社会组织已经被视为新时代实现社会治理体系和治理能力现代化的重要途径。社会组织建立的初衷即强化公共服务，提供公共服务也是社会组织有效开展社会治理的重要手段。作为政府的契约伙伴，社会组织主要通过两种途径参与公共服务。一是通过向政府购买公共服务为公众提供外包性公共服务；二是通过向社会募集资金为弱势群体提供补充性公共服务。社会组织的服务种类多样、方式灵活，得到社会公众广泛的认可，有效弥补了政府提供公共服务的不足,成为政府向社会提供公共服务的直接执行者。

三、社会组织是化解公共冲突的“调节器”

有效化解社会公共矛盾和冲突是实现社会治理现代化的前提。随着社会的发展，贫富差距拉大，公共矛盾和冲突日益显现出来，或深或浅地影响到公共利益的维护与实现。社会组织作为连接政府与公众之间，公民与公民之间的桥梁和纽带，在调节公共冲突方面的作用充分体现出来。作为群众自发形成的新社会组织，最贴近基层，能够敏锐地洞察基层民众的需求、情绪和态度,及时扼杀可能引起冲突的“苗头”,对冲突能起到预防作用;在公共冲突已经爆发时，社会组织又可以迅速做出回应，防止冲突进一步恶化，在化解公共矛盾冲突中发挥着“调节器”的功能。

第二节　新社会组织党建问题的提出

加强新社会组织党建工作是实现党的全面领导的重要内容，既可以加强和改善党的领导，巩固党的执政基础，同时，对新社会组织而言，更是规范自身健康发展以适应国家治理现代化目标的必然要求。

一、加强新社会组织党建工作是新社会组织自身发展的需要

改革开放以来，新社会组织得到较快的发展，但也面临着各种无法回避的现实困境。由于对新社会组织还缺乏全面深入的认识，政府对新社会组织的管控还过于严格，这样既消耗了大量的行政资源，也阻碍了新社会组织的健康发展。新时代，新社会组织的定位，应该从原来政府的“伙计”向现在的“伙伴”转化。政府在引导新社会组织健康发展过程中的功能定位必须从直接监管者，变成规则制定和调整者。而实现这种转化最直接的途径就是加强党对新社会组织的领导，把党的建设融入新社会组织的发展进程当中，通过指导新社会组织接受国家法律法规约束监管，通过发挥党员的传帮带作用，提升新社会组织的服务本领和专业水平，把党的独特优势转化为新社会组织发展的自身优势，弥补新社会组织的先天不足，推动新社会组织的健康快速发展。

二、加强新社会组织党建工作是中国共产党巩固执政之基的需要

改革开放为人们提供了更多的发展机遇。为了寻求更大的发展空间，大批“单位人”从原来固化的单位中走出来自主创业，给党组织的活动带来极大的困难。因此，在社会组织领域，党的领导面临被“边缘化”的危险，党的执政基础迎来新的挑战。如果党不能团结这种新生的社会力量，主动迎合社会变迁，势必削弱党继续长期执政的社会基础和群众基础，最终威胁到党自身的执政地位。在新社会组织内部设置党组织，将党的领导有效嵌入新社会组织的日常管理和活动之中，增强新社会组织从业人员政治敏感性，更好地发挥基层党支部的战斗堡垒作用，从而为巩固党的执政之基、实现党的全面领导打下坚实的群众基础。

三、加强新社会组织党建工作是推进国家治理现代化的需要

党的十九届四中全会强调，坚持和完善中国特色社会主义制度、推进国家治理体系和治理能力现代化，是全党的一项重大战略任务。其中

第一项具体内容就是坚持和完善党的领导制度体系，提高党科学执政、民主执政、依法执政水平。因此，推进国家治理体系和治理能力现代化离不开党的建设。改革开放以来，我国国家治理体系不断完善，治理能力不断提升，但是制度体系不完善之处还很多，诸如在某些社会关键领域法律和制度还很缺失，法治精神还难以得到有效落实，制度的配套和衔接还不够，政党与政府以及社会的关系还未得到科学定位，制度执行者和管理者职责还不清晰等，治理能力还不高，治理成本还很庞大，社会管理和服务效率还有待提高，新社会组织发挥作用的空间还很有限等。这些现象的存在都迫切需要国家治理实现现代化，社会制度实现稳定化和成熟化。通过持续推动新社会组织党的建设，有效领导新社会组织有序参与国家治理。

第三节　新社会组织党建工作的现状

一、新社会组织党建工作取得的成绩与经验

自党的十四届四中全会首次提出新社会组织党建命题以来，经过20多年，新社会组织在完善党组织设置方式、创新组织活动形式和内容、提升党建工作有效性、科学性等方面展开了诸多有益探寻，取得了丰硕的成就，涌现出诸多成功的案例，新社会组织党建取得了初步成效。以湖南省沅江市为例，新社会组织党建成果主要体现在以下几个方面：

（一）“两个覆盖”切实提质。在社会组织内部开展党建工作需要以党组织为依托，随着新社会组织数量的不断增加，新社会组织党组织建设规模由点带面逐步壮大起来，质量也得到了切实提升。沅江市明确全市所有新社会组织全部归属于所属综合（行业）党委、镇、场、街道党

工委和市直党委党组管理。市社会组织综合党委负责全市社会组织党建工作，全市新社会组织均按业务管理或属地管理原则，归口所属上级党委管理，管理体制得到理顺。另外，对社会组织的党建严格按照党支部“五化”建设标准，当年，动态调整党组织设置 13 次，涉及两新组织 36 个。正式党员全部调离的支部被撤销，正式党员人数不足 3 人的党支部全部调整设置为联合党支部。目前，全市纳入台账的新社会组织 127 个，党组织 42 个，覆盖社会组织 51 个，覆盖率达到 40%。

（二）“两个作用”有效发挥。沅江市全市各级新社会组织做到党组织活动正常有序开展，较好地发挥了党支部的政治核心作用和政治引领作用。实现了党建与社会组织共同发展。如市农村高科技经济发展协会党支部组织会员进行了专业养殖技术推广培训和优质种苗培育先进农业技术推广培训活动，既发挥了社会组织的职能，又有效做活了党建与发展结合文章，解决了“就党建抓党建”“党建与发展两张皮”问题。市科协、市企业家协会、市祥云电子商务公司等党组织，费尽心思牵线搭桥，千方百计在党员志愿者中筹措资金和物资，组织开展了一系列扶贫帮困活动，获得社会的广泛赞誉和群众的高度认同。实现了党支部、党员与群众的“三满意”。

（三）队伍建设不断加强。为了提升新社会组织负责人、党组织书记、党建指导员、党员志愿者等的政治素养和能力水平，沅江市多次开办了“四支队伍”能力专题提升班，有效提升了“四支队伍”的政治素养和党建工作的能力水平。另外，通过选派党建工作指导员的方式，实现党的工作 100%覆盖，推动新社会组织党建“有形覆盖”向“有效覆盖”切实转变。市委两新工委注重以综合（行业）党委为单位，组织所属党支部的党务专干进行小范围的业务培训，通过系列专题能力辅导培训，目前大部分党支部书记和党务专干从事新社会组织党建工作的业务水平有明显提高。

二、新时代新社会组织党建工作面临的瓶颈与原因

新社会组织党建工作尽管近几年取得的成效有目共睹，但存在的问题也是显而易见的。进入新时代，新社会组织在迅猛发展的过程中遇到的瓶颈亟待破解。

（一）新社会组织党组织组建易、巩固难。新社会组织相对松散，由于没有固定收入，工作人员一般兼职多、流动快，导致社会组织党建工作面临党组织组建易、巩固难、发挥作用难的局面。新社会组织中从业人员大都有自己固定的工作单位，党员会回原单位参与组织生活，对从业人员尤其是党员的管理，多采用传统管理模式。所以，新社会组织一般没有自已独立的党组织，大多依从基层村级党组织或原单位党支部展开一系列活动。他们党组织关系复杂，有的社会组织从业者看似过着双重组织生活，实际上却处于“两不管”的状态，分散了党员精力和组织活动参与的动力，给党员管理带来困难。面对加强新社会组织党建工作的新要求，很多新社会组织成立了临时党支部和联合党支部等组织形式，但组织覆盖率仍达不到一半，从已经成立党组织的新社会组织来看，党组织的作用发挥也落不到实处，基本处于空置状态。总之，社会组织党建工作仍处于摸索阶段，还有很大的潜力可挖。

（二）新社会组织党建活动数量多、创新少。由于思想认识不够，多数新社会组织党建活动满足于做好规定动作，对上级党组织的要求疲于应付。为达到上级要求，这些社会组织也频繁开展党建活动，但由于对新社会组织党建活动缺乏认识，往往照搬照抄机关党建活动模式，多以走访慰问、座谈交流和组织学习等组织活动，活动内容比较固定，活动方式缺乏创新性，与新社会组织实际不相符合，取不到预期效果。新阵地老思路，大大减弱了党组织吸引力，党员参与热情不高，不能为社会组织本身的发展带来很大效益，党组织的影响力也因此被削弱。

（三）新社会组织党建工作杂、成效低。当前新社会组织党建大多

在外部要求下被动开展工作，而不是源于新社会组织内生性需求，这种建党方式虽然短时期内可以迅速扩大党组织覆盖面，但这种外部嵌入式的党建模式也常常引发社会组织对上级党组织任务的应付，引起内部对党组织活动的排斥，对党建采取消极抵制态度。外派党建指导员由于对业务不熟，往往被视为局外人，无法融入新社会组织的经营活动，党建工作无法围绕中心业务展开，党建与业务分离。沅江市新社会组织党组织活动的一系列创新成果表明，社会组织党建工作与主体工作有效融合是非常迫切的、必要的。要想有效地融合社会组织主体工作与党建工作，方式方法十分重要。虽然部分新社会组织能够意识到社会组织党建工作与主体工作融合的重要性，但找不到合适的切入点，有效的可供借鉴的创新方式还很少，需要积极的探索。

第四节　加强新社会组织党建工作的路径探讨

针对大部分新社会组织党建工作还比较薄弱的状况，习近平总书记特别强调“麻绳最容易从细处断”，越是情况复杂、基础薄弱的地方，越要健全党的组织、做好党的工作，确保全覆盖，固本强基，防止“木桶效应”。当前，要进一步学习贯彻党的十九大关于加强党的全面领导的要求，在更高的起点上推进社会组织党的建设。

一、强化思想认识，注重党建实效

（一）强化新社会组织负责人的思想认识。一些社会组织负责人在思想上对党建工作不够重视，认为只要搞好业务工作，完成了组织的职责就行，党建是虚的，应付就行。往往只注重争取项目、资金，开展业务活动。对此，政府在制定社会组织党建工作机制时一定要注重实效。

要努力学习先进的党建经验，探索出本地区有效的激励导向政策，引导社会组织加强党建工作，打造党建名片。例如，认真研究学习南京市雨花台区采取的“三双五同步”法，激励社会组织负责人的党建意识，加强党的建设。

（二）强化当地党委部门领导的思想认识。要积极争取领导的重视，配齐配强两新工委和所属综合行业党委班子成员和专职工作人员，保证各社会组织党委有人做事，有专人做事。密切跟进上级政策文件出台，及时研究制定新社会组织党建工作关于加强党的政治建设、落实扫黑除恶专项斗争、加强意识形态管理等工作制度、加强督促，确保落实。

二、丰富活动载体，激发党建活力

针对党组织活动缺乏创新、缺乏活力的现状，各级党组织应加强分类指导，不断调整与创新党建活动载体。

（一）丰富活动形式。充分利用党群服务中心，开展丰富多彩的文化娱乐活动，提高新社会组织党员的组织归属感与责任感，提高党建活力；在完成业务工作的同时积极开展献爱心、送温暖活动，有意识地提高新社会组织从业人员的为民服务意识和服务水平，促进新社会组织党的建设多维度发展；开展创先争优活动，发挥党员典型示范作用，加强党员思想道德、理想信念教育，使党组织及广大党员形成争先创优的氛围，为社会组织健康、科学发展增添活力。

（二）拓展宣传平台。充分借助新闻媒体和微信、QQ 等信息交流平台，加大社会组织党建工作宣传力度，提高社会各界对社会组织党建工作的关注度，提高社会组织党组织的影响力和社会组织成员的自我认同感，形成社会合力共同推动社会组织党建工作再上新台阶。

三、筑牢保障体系，确保活动开展

社会组织发展还不够成熟，活动开展还得不到保障。因此，必须筑牢保障体系，确保新社会组织党建活动能正常有序开展。

（一）加强制度保障。从制度建设情况来看，社会组织党建制度的制定主要在中央层面，到具体实际运用中操作性不强，因此，必须加强地方政府对新社会组织的管理制度建设，通过制定社会组织党建工作实施办法、考评体系等，使社会组织党建工作有章可循。

（二）加强经费保障。由于经费得不到保障，新社会组织从业人员往往凭一时热情加入，缺乏稳定性。因此，必须建立一个稳定的新社会组织党建经费保障体系。一是加大对政府对新社会组织的财政经费投入，在财政预算中设立社会组织党建专项资金。二是新社会组织应积极拓宽自筹经费渠道。建立以财政拨款为主，社会组织自筹为辅的党建经费保障体系，保证新社会组织在运行过程中党建工作经费到位，党务工作者补贴到位，确保社会组织党组织不仅能建得起来，而且活动能开展得起来。

（三）加强人才保障。由于政府对新社会组织派出的外派党建指导员工作存在种种困难，新社会组织党建工作实际存在一个“谁来抓”的问题。一要贯彻党的十九大精神，从产业工人、青年农民、高知识群体和在非公有制经济组织、社会组织中发展党员。把新社会组织中的优秀负责人发展为党员，把优秀的党员发展为新社会组织负责人，为新社会组织凝聚精英力量。二要把社会组织党务工作者培训纳入基层干部培训计划，为社会组织培养党建人才。通过加强人才保障，发挥好新社会组织中党组织的领导作用。

总之，进入新时代，加大对新社会组织党建工作的研究，不断探索巩固和完善新社会组织党建工作的方式方法，对我们加强党的建设，实现党的全面领导将产生积极影响，为进一步推进国家治理体系和治理能力现代化打下坚实的基础。

第五章　新经济组织党的建设科学化问题

第一节　新时代加强新经济组织党建工作的重要意义

随着改革开放的不断深化，非公企业已经成为经济体中份额最大，最具竞争力的力量，在经济社会发展中发挥着越来越重要的作用。党的十八大以来，面对全面从严治党的新形势和加强党的全面领导的新要求，非公企业党建工作被提上日程，越来越受到重视，各地非公企业开展了一系列党建工作的探索。党的十九大再次强调：“注重从产业工人、青年农民、高知识群体中和在非公有制经济组织、社会组织中发展党员。”非公企业党建工作也在不断探索中积累了丰富的经验。在非公企业中开展党建工作是为实现党的全面领导打通最后一公里的关键一环，是我们党发展的必要一步。

一、加强非公企业党建是维护社会稳定的需要

改革开放以来，我国经济建设率先取得突破，非公企业如雨后春笋般涌现，数量与日俱增。目前，我国的非公企业数量已占全国经济组织的70%以上，产值已经占到GDP总量的60%以上，从业人员数量占到80%以上。非公企业从业人员在工人队伍中占据多数，他们是广大人民群众的重要组成部分，也是维护社会稳定的重要基石。当前，我国正处于转型发展阶段，面临更多机遇的同时也面临更多的挑战。

第一，经济全球化给我国基层党建带来极大的挑战。随着全球化进

程的加剧，国内国外思想交流更加频繁，带来大量意识形态领域的冲击，境外敌对势力乘虚而入，对我国党建薄弱的非公企业进行西化，这些组织中的从业人员长期受其熏陶，不可避免会受到影响。这就要求我们党的工作深入其中，加强党组织建设，稳固马克思主义的指导和统领地位。

第二，我国国内非传统安全因素给基层党建带来新的挑战。非公企业的本质就是追求利益的最大化，在利益的驱动下，各类非公企业在进行行业竞争的同时，逐渐重视“政治参与”，如通过参与政策的制定，影响政策的实施，达到本领域利益的最大化。面对激烈的利益诉求，唯有与时俱进加强党的领导，通过基层党组织加以引导和疏通，充分发挥非公企业中优秀党员的先锋模范作用，用马克思主义思想武装头脑，促进企业健康发展。

第三，我国城镇化进程的加快和乡村振兴战略的实施也给基层党建带来巨大挑战。随着城镇化进程的加快和乡村振兴战略的实施，社会流动人口大量增加。目前，我国的流动人口已达到 2.3 亿，越来越多的农村人口进入城市就业，同时不少城镇人口来到农村开发建设，国家还鼓励大学生自主创业。这些人大多在非公企业就业，他们是社会治理的重点人群，也是我党的执政之基。非公企业构成情况复杂，发展水平不一，人员流动性大。这些因素影响着企业的健康发展和劳动关系的和谐，进而影响社会的和谐稳定。在这种情况下，急需党组织有效开展党建工作，充分发挥聚人心、促和谐的作用，引导企业朝着积极、正确的方向发展。

二、加强非公企业党建是推进党的建设新的伟大工程的需要

非公企业是党的建设的新兴领域，是基层党组织建设中的薄弱领域，是迫切需要加强的重要领域。

首先，非公企业在我国经济社会发展中的作用越来越显著，从业人员队伍不断扩大，成为工人阶级的一部分，是我们党重要的阶级基础，是我们党团结的重要力量。推进党的建设新的伟大工程，必须最大程度调动一切积极因素，做到凡是有群众的地方就有党组织工作，因此，必须加强非公企业党建工作。

其次，《中国共产党章程》第 29 条明确规定：“凡是有正式党员三人以上的，都应当成立党的基层组织。”党的基层组织建设不应该有被遗忘的地方。非公企业是社会经济的重要支柱，在对待非公企业党建问题上，应当理直气壮，按照党章规定及时建立党组织。因此，必须加快非公企业党建工作的步伐，探索在这些组织中建立党组织的办法，做到成熟一个建立一个，建立一个巩固一个，扩大党组织覆盖面。

最后，在非公企业中增强党的凝聚力和向心力，必须加强党的建设。当前社会经济成分、就业方式和分配方式都灵活多样，在这种新形势下，非公企业中党员活动明显呈现流动性、自由性、多变性等特征。加上非公企业以追求经济效益为目标，对党的工作重视程度还不够，党组织在非公企业中还未能切实发挥应有的作用。推进党的建设新的伟大工程，应找准非公企业中党建与发展的契入点，积极探索加强党建工作的有效途径，让党组织充分发挥好在非公企业中的政治核心和政治引领作用。

三、加强非公企业党建是提升非公企业自身竞争力的需要

党组织作为非公企业的政治核心，对非公企业提升市场竞争力起到保驾护航的作用。

第一，国际国内环境瞬息万变，一些不可控风险随之增多。非公企业特别是中小非公企业抵御风险的能力普遍偏弱，生存和发展步履维艰。严峻的竞争倒逼这些非公企业不断进行调整，以增强自身在市场中的竞争力。在市场自动调节的过程中必然出现各种弊端，比如恶性竞争、生产、销售假冒伪劣产品、劳动纠纷等。为了给非公企业创造良好的发展环境，必须为他们提供一个公平的竞争平台。这时，非公企业中的党组织将发挥越来越重要的作用。党组织通过发挥监督职能，协助解决发展中遇到的矛盾和问题，为企业健康发展保驾护航。

第二，党组织在非公企业发展中起着举旗定向的作用。党组织是企业发展的“火车头”，非公企业能否积极健康地发展，要靠企业党组织把好方向。党组织是政策的传达者，是企业发展的引领者，党组织通过传达党的最新方针政策，为企业发展建言献策，助力企业主把握发展方向。

第三，党组织为非公企业的发展营造良好的发展氛围。党组织通过“学习课堂”等形式向企业员工宣传党的政策，对党员进行教育引导；通过树立典型等方式发挥党员的先锋模范作用，在非公企业中起到扬正气、树新风的作用，从而形成良好的企业文化氛围，从党性的高度提升非公企业的核心竞争力。

第二节　新经济组织党建工作的实践与经验

为适应党的十九大提出的坚持和加强党的全面领导的新要求，根据非公企业发展的内在逻辑，各地党委部门从组织形式和内容等多方面着力，引导非公企业党组织进行了大胆创新，探索出许多具有时代特征和非公企业自身特点的党建工作方法，也积累了较多的经验。以湖南省沅江市为例：

一、加强阵地建设，“两个覆盖”切实提质

力求党的组织设置全覆盖。截至2020年底，按照湖南省两新办全面摸排非公企业和社会组织的要求，全市纳入管理台账的两新组织有345个，其中非公企业218个；已建两新党组织102个，覆盖两新组织167个，覆盖率48.4%，其中非公企业党组织51个，覆盖非公企业108个，覆盖率为49.5%。对非公企业的党组织设置，严格按照党支部“五

化”建设标准进行了动态调整。如对党支部长期没有正式党员或正式党员关系转移的企业党支部，及时撤销。党组织设置原则上坚持标准，方式上灵活多变。创建了联合支部、行业支部、园区支部、片区支部、楼宇支部等多种形式，力求做到党组织设置全覆盖。

力求党的工作全覆盖。对部分没有正式党员的非公企业，通过积极发展党员、选派党建工作指导员和联络员等方式，把党建工作与非公企业发展相融合，力求做到党的工作全覆盖。

力求“两个覆盖”切实提质。以树立标杆为抓手，全面加强阵地建设，在辣妹子食品公司、亚光科技公司等创建了4个益阳市级示范支部。按照上级文件要求，申报将桔城世家小区党支部、市老科协党支部、恒瑞管桩股份有限公司党支部、亚光科技集团股份有限公司党委、辣妹子食品股份有限公司党委（沅江支部）、湖南新马制衣有限公司联合党支部、湖南中建置业有限公司党支部以及湘沅百惠党支部8个党组织纳入省、市两新党建“标杆引领”台账，力争打造成为省级标杆党组织。

二、压实队伍建设，培养一支高素质的党建工作队伍

创新“书记项目”，选好党组织负责人。火车跑得快，全靠车头带。搞好基层党建，关键在于党组织书记。沅江市“两新”党建工作把创新“书记项目”摆在首位，严格落实“书记抓、抓书记”的基层党建领导责任制度，由两新工委牵头，制定了配套的规定办法，从制度层面推进书记抓党建项目。在各非公企业中选优配强党组织书记，落实全面从严治党第一责任人责任。按照“领导班子好、发展业绩好、群众反映好”的党组织建设目标，在企业中选拔政治觉悟高、业务能力强、爱党务、懂管理的企业高管担任党组织书记，严把党组织书记入口关，极大地激发了党组织书记的热情。

加强“双培工程”，培养一批中坚力量。加大“双培工程”力度，将业务骨干培养成党员，将党员培养成业务骨干。对已经是业务骨干的党员，发挥其在企业职工群众中的示范带动作用；对政治觉悟高、积极向党组织靠拢的业务骨干，作为重点培养对象，条件成熟后及时吸收到党内来；对政治觉悟一般的业务骨干，通过教育引导和党员结对等方式，积极引导他们向党组织靠拢，以此引导党员和业务骨干在企业中更好地发挥作用。

强化学习，坚持思想建企。在对企业员工进行业务培训的同时，加强思想教育。组织全市两新组织党务干部、两新党组织书记、党建指导员、部分两新组织负责人开展了党的十九届五中全会精神宣讲暨“四支队伍”业务培训班，通过下发业务务实用书、专家上课等方式，为全市两新党建业务干部开展专题业务辅导；监督、引导非公经济组织内部以“学习课堂”为抓手，大力培育企业文化；通过橱窗、画廊、板报等多种形式对职工进行法律法规和思想品德、社会公德、职业道德等方面的宣传和教育。多方位、多渠道开展政治思想教育。

三、创新工作模式，激发非公企业党建活力

沅江市从非公企业特点出发，以激发非公企业党建活力为目标，探索出一系列实用高效的党建工作模式。以沅江高新区为例：

积极探索“党建＋项目建设”工作模式。建立健全项目落地领导干部带头机制，明确职责，分头包干到人，全力推进产业项目落地。结合学习课堂等时机，每半月至少召开 1 至 2 次项目建设调度会，及时调度园区项目建设情况，确保项目建设稳步推进。充分发挥党员敢打硬仗，敢啃硬骨头精神，在征地拆迁中攻坚克难，为园区项目建设及时提供土地支持，在招商工作中积极发挥党员主力军作用，积极拓展招商引资宣传和项目推介工作方式方法。利用周一集中学习，把政治理论学习、干部思想教育与项目建设相融合，对重点项目建设进行调度，推进工作落实，为企业发展营造良好的营商环境。

积极探索“党建＋企业帮扶”工作模式。依托园区企业服务中心，大力推进企业帮扶力度，注重基层党建与园区企业服务的深度融合，努力营造服务企业的浓厚氛围，增强园区干部服务意识，提升服务能力，着力解决企业问题,做到件件有回音,使园区真正成为企业的“娘家人”。健全项目落地领导干部带头机制，明确职责，全力推进产业项目落地，加快园区项目落地速度，全力助推园区高质量发展。将党建和企业帮扶充分融合，组织班子成员加强党建工作调研，建立点对点联系制度，每月到联系企业上门开展工作，深入企业了解生产经营情况和实际困难，做好联系帮扶工作，通过党建平台，切实解决企业生产生活中的困难。助推民营企业做强、做优、做大。推动形成党的建设与企业发展互促共赢的良好格局。

积极探索“党建+企业文化建设”工作模式。企业文化建设，最重要的就是核心价值观的建设，要始终以党的思想来指导企业核心价值观的建设，不忘中华优秀传统文化的继承。企业党支部要注重从思想方面引导和教育员工，定期对员工和干部进行思想教育，使企业在正确思想和价值观的引领下取得更大的进步。充分发挥基层党组织在文明建设中的引领作用，引导园区干部职工破除陈规陋习，弘扬新风正气，深入推进扫黑除恶专项斗争，不断增强人民群众的安全感、获得感和幸福感。

积极探索“党建+疫情防控”工作模式。针对新冠肺炎疫情防控新形势，高新区党工委注重充分发挥党组织在疫情防控中的战斗堡垒和党员标杆模范作用，坚持疫情防控与企业复工复产两手抓，把好疫情防控关。组织党员分小组全部下沉到企业，对所有企业员工进行摸排，及时了解其外出流动情况、身体健康情况及曾接触人员情况，确保园区内可能存在的新冠肺炎患者能及时被发现并上报。扎扎实实帮扶企业恢复生产，协调职能部门对企业实行特事快速办、容缺承诺办、预约错时办、线上指导办、主动“帮代办”，为企业复工复产“提速”，全力推动园区企业生产生活步入正常轨道。

这些做法只是沅江市非公企业党建探索成果的一角，以书记项目为抓手，以提升组织核心竞争力为目的的非公企业党建工作方式方法还在不断探索和实践之中。

第三节　新经济组织党建工作存在的问题及原因

一、非公企业党建工作存在的问题

党组织在非公企业中发挥战斗堡垒作用，必须完成两大任务，一是宣传国家政策，为党的建设固本培基；二是立足企业，为企业发展举旗定向，凝心聚力。从调研的结果来看，非公企业中党组织的这两项功能发挥还很弱，党组织的战斗堡垒作用被弱化。尽管主管部门对非公企业党建工作加大了组建和监督的力度，在一定程度上取得了较大的成绩，但相对而言，非公企业党建工作仍然是党的建设的薄弱环节，存在的问题也很普遍，主要体现在“三个化”：

党组织地位“边缘化”。一方面，除了两家大型企业的分部以外，沅江本土非公企业和进驻沅江的非公企业大部分都是中小企业，甚至是微小企业，处于萌芽期和发展期。这类企业生存周期短、员工少、规模小，在这类企业中创建党组织本身就具有滞后性。另外，受国内外形势的影响，企业竞争压力空前加大，企业生产经营状况处于不断变化之中，党组织的建设很难保持稳定性。党员少 / 员工少的非公企业，在党支部的建立上也处处受约束，难以保障党员数量。一些已经建立起党组织的非公企业，由于企业的不稳定性，员工流动频繁，因而党组织也有不稳定性，党组织名存实亡，作用也无从发挥，导致非公企业中党组织覆盖率不到一半。

另一方面，大部分企业或企业主对党组织和党建工作态度相对冷淡。

非公企业主大多不是党员，他们接受党的教育培训很少，也不了解党的具体工作内容，没有高度重视党建工作。他们关心的重点是企业的生产经营，把工作重点放在企业生产和销售等工作上。个别企业中党支部失去了存在的意义，作用没有发挥，很少能听到党的声音，也很少开展活动。有的企业组建了党组织，但党组织活动对企业的作用见效慢，一些企业主认为，活动的开展需要人力、财力和物力资源，一些企业发展刚刚起步，若这些投入没有得到回报，或者回报低于投资，他们则不愿意投入较大资金用于党建工作。企业对建立的党组织有一定的期望，但事实上成立后发声很少，作用也很小。这个角色作用并不明显，企业主不可避免地怀疑建立党组织的必要性。因此，企业中的党组织处于被“边缘化”的尴尬地位。

党员教育管理“形式化”。部分非公企业党组织管理机制松散，没有建章立制，工作机构不健全，缺乏活动场所，党建经费主要靠上级党组织拨付；一些企业对培训和学习缺乏了解，党员学习主要靠自学，一些公司强调他们忙于工作，每天面对繁重的工作任务，没有时间用于学习培训；大多数非公企业没有长期的党员教育计划，也不能把党员的教育工作与企业的生产经营相结合；一些党员认为，培训只是为了满足党组织的要求，完成任务，对培训采取“混”的态度，学习积极性不高，效率低下，进一步影响党组织作用的发挥。

党员先锋模范意识“淡化”。绝大多数非公企业属于典型的家族式企业，管理模式大多采取家族式管理，对激发从业人员的积极性有很大的局限性。家族成员盲目排外，工作不论能力高低，嫉贤妒能现象严重，使员工在创新、主动工作方面作用得不到有效发挥，创先争优对这种家族式非公企业的员工来说意义不大。部分企业人心涣散，矛盾重重，企业主不关心职工的生活与健康，员工也不关心企业的生产经营，形成单纯的雇佣与被雇佣的劳动关系。对于党员个人来说，迫于种种生活压力，有些同志放松了对自己的要求，有的下岗或跳槽，长期在外打工，有的小本经营，极个别的党员与组织失去了联系，党员的先锋模范作用无暇顾及。近年来一些党员只是为了自己以后所谓的“仕途”能够更加通畅，入党动机已经变得庸俗化；一些党员在日常工作中把自己等同于普通人，只关注经济利益，对工作缺乏热情，党员“群众化”；一些党员只是被动接受相关理论学习，很少主动关注时事，对时事缺乏理性的思考，导致共产主义信仰缺失等。对此，必须认真加以改进和解决。

二、非公企业党建存在问题的原因

加强非公企业党的建设，是新形势下加强基层党建工作的重要组成部分。但就目前来看，非公企业党建工作中还存在一些不可忽视的问题。究其原因，主要体现在“四个滞后”：

发展理念滞后于发挥党组织核心作用新要求。有的非公企业特别是新创立的企业因事务繁多，生产经营压力大，企业主对党建工作不了解，兴趣不大，热情不高，使得企业发展党员少，党组织组建率不高，阵地建设不到位；有的非公企业主对开展党建工作的重要性认识不清，支持力度不够，存在重经营、轻党建的问题，企业主以提高经济效益为目标，党建工作可有可无的思想还不同程度存在；有的非公企业由于从业人员流动性大，企业运行的周期性快等原因，党员多为季节性或周期性务工人员，组织关系基本都在户籍所在地，党员基本都在组织关系所在地参加组织生活，导致企业对党员的管理难度增大，党组织活动难开展，企业主更是无心党建活动。非公企业党建在某种程度上存在“虚、软、散”现象，党组织创先争优、战斗堡垒作用发挥不够，与发挥党组织的政治核心引领作用的新要求还有较大差距。

工作方法创新滞后于非公企业改革新步伐。时代发展瞬息万变，为适应不断变化发展的新形势，非公企业不得不随时进行调整，加快改革步伐，而非公企业党建工作的创新程度远远滞后于企业改革的步伐。如非公企业党务干部工作经验少，工作能力不强，党建主动性不够，党建活动开展不多，创新不够，党员参与程度不高；有的非公企业受资金、时间和场所的限制，“三会一课”等常规工作往往难以正常开展，有的常年不开展活动；有些党员隐瞒党员身份不参加组织活动，不接转组织关系，而非公企业党组织又缺乏有效的约束和管理手段；从业党员构成复杂，党员教育管理形式单一，内容枯燥缺乏吸引力，实效性低，不能将非公企业改革发展形势要求与党建工作实际结合起来；组织生活流于形式，除逢年过节召开座谈会、发放困难党员慰问金外，对党员的教育管理和作用发挥几乎无创新，对从业党员缺乏吸引力，党组织的凝聚功能弱化，与非公经济组织的改革难以同步。

党组织建设滞后于非公企业发展新趋势。虽然非公企业党建工作做出了许多成功的探索实践，也取得了很多宝贵的经验，但由于非公企业的发展趋势难以把握，党组织建设难以及时更新和适应。一方面，由于非公企业经营运转有好有坏，特别是受新冠肺炎疫情影响，破产倒闭企业较多，新入驻的企业事务繁多，人员分散，党组织组建困难。2020年，沅江市全市非公企业中党组织的覆盖率不足50%，党员占非公经济从业人员的比例还很低，党组织创建的基础还很薄弱，更难以组织正常的组织生活。另一方面，近年来，中央在发展党员的原则上是坚持“控制总量，提高质量”的方针，非公企业中发展党员的名额受到较大的限制，而非公企业中从业人员数量又很庞大，一些表现较为突出的入党积极分子不能及时吸收到党内来，党组织的创建和发展存在一定的局限性，与非公企业迅猛发展的趋势不相适应。

工作保障滞后于非公企业党建实际新需要。在非公企业中开展党建活动是党建工作的最后一公里问题，要与其他相对成熟的党建领域并驾齐驱，真正让党组织起到核心引领作用，在各项工作保障上还存在较大的差距。一是人才保障不足，大部分非公企业党务工作者配备不足，部分党务工作者自身思想认识还不到位，业务素质和业务能力欠缺，急需发现、培养熟悉党务工作，综合素质能力适应非公企业党务工作的骨干力量；二是经费保障不足，大部分非公企业经费紧张，特别是一些中小企业，经费仅够维持企业运转甚至资金周转不灵，在这种情况下，不可能有充足的经费开展党建活动，因此，党建活动开展的次数、质量、形式等都受到较大的约束，无法达到教育服务党员的目的；三是党建活动场地保障不足，一些中小型企业规模较小，租赁的厂房有限，党组织缺乏活动场地，很难组织形式多样的活动，党建活动千篇一律，缺乏吸引力。人、财、物三大保障缺乏，远远滞后于新时期党建工作的实际需求。

第四节　新时代加强非公企业党建工作的路径选择

一、统一思想认识，引导党的建设由“任务型”向“需求型”转变

目前非公企业搞党建基本处于“任务型”阶段，被动接受上级主管部门任务的较多,而主动认识工作重要性,把党的建设作为企业发展“需求”的较少。这种“任务型”建设收效低，很难真正发挥党建工作的作用。需要各方面统一认识，树立党组织为企业发展服务的理念，让党组织成为企业发展的强大助力。

提高干部思想认识，树立“三新”意识。对非公企业的发展而言，党组织是企业面向社会的“新窗口”、是企业提高层次的“新品牌”、是推动企业发展的“新潜力”，承担着服务企业，发展企业的使命。主管部门要做好非公企业党务干部的岗前培训，使党务干部在提高业务能力的同时提高思想认识，树立服务意识，找准自己的角色定位，在进行工作安排时要时刻注意以企业的发展为出发点。如在组织专题学习时，要

善于用最新政策，有针对性地解决企业发展中遇到的各种困难；党组织作为企业与社会联系的“新窗口”，要善于为非公企业的发展搭建平台，为企业谋求长远发展，构建党建工作与企业发展的双赢局面。

提高非公企业主的思想认识，取得出资人的积极支持。非公企业重发展、轻政治是共性问题，他们普遍认为在他们的企业中建立党组织是政府的要求，有喧宾夺主之嫌，不仅对企业的发展起不到作用，还占用场地，浪费时间。在这种思想指引下，让他们积极主动出资开展党建的可能性不大。因此，加强非公企业主的思想引导很有必要。要做好非公企业主的教育培训和服务管理，引导企业主提高思想认识，消除顾虑。首先，要认识到非公企业党组织的定位是企业的政治核心而不是管理中心，在企业生产经营中起辅助作用；其次，要认识到党组织的工作方式，在企业的生产经营活动中是参与而不是干预；再次，要认识到党组织的工作对企业的发展是促进而不是妨碍，能为企业的生产经营提供智力支持；最后，还要认识到党组织与企业有一个共同的目标，即都是为了企业的长远发展。只有从思想上提高了企业主的认识，才能取得企业主的积极支持，获得经费、场地、时间上的保障，党组织的各项活动才能顺利进行。

二、做好服务管理，真正发挥党组织的战斗堡垒作用

做好管理服务，夯实政治建设工作基础。对于未纳入党组织工作覆盖的非公企业而言，首要的问题是党组织的建立问题。要进一步扩大党的组织和工作覆盖面，真正做到企业开到哪里，党组织就建到哪里。针对非公企业变化太快的实际，创建党组织要善于拓宽思路，创新形式。可效仿沅江市的做法，根据单位、行业、企业类型等采用联合的方式创建党组织。对于已经建立党组织的非公企业，根据上级党组织的要求，形成一套党建工作制度，下一步的关键在于工作制度的落实。第一，切实落实开展“三会一课”。上级党组织要按照制度要求，定期督查“三

会一课”落实情况，同级党组织要主动将“三会一课”落实情况作为日常重点工作，并在内容上注重实际，将职工培训、业务学习和生产经营联系在一起，加强工作的实效性。第二，做好党员的日常管理。包括主题党日活动、党员工作台账、党费收缴等。同时进行党员摸底、做好组织关系转接和流动党员的管理工作，确保每名党员都能参加组织活动接受党的教育。

创新工作方法，提高党建工作实效。非公企业相比其他领域，开展党建难度更大，收效更慢。提高非公企业党建工作实效，不能停留在传统的工作方式方法上，要善于创新。一要善于利用互联网打造党组织发挥作用的平台。如利用微信客户端和企业网站开设专栏，宣传党的好政策，把党的好政策第一时间传送到企业，让党组织的作用深入企业员工心中，还可为企业发布公示公告、招聘信息，为企业与社会搭建联系平台。二要善于协助企业协调劳资关系。如组织开展送温暖活动、帮助困难职工解决实际问题、协调职工子女就学问题等，尽可能维护各方利益，满足不同层次的需求，增强企业的凝聚力和向心力。三要善于当好参谋。党务工作者要经常深入企业调查研究企业的运行情况，及时发现问题，帮助解决企业的实际困难，掌握第一手资料，为企业科学决策当好参谋。还要善于做好群团工作。非公企业发展党员的数量有限，还有大部分先进的员工不能及时吸收到党的组织中来，因此做好群团工作十分必要。要把非公企业中的工会、团委组织起来，最大程度地把非公企业的职工组织到工会中来，把先进青年组织到共青团中来，最大程度地发挥群团组织的政治作用，让群团组织成为党组织的后备力量。

三、注重教育培养，强化党建工作队伍能力建设

注重“双向培养”，重点培养党建工作骨干力量。在非公企业中进行摸排，把党员培养成党务和业务骨干，并尽可能培养推荐进入企业各级党的领导班子，同时注重把企业骨干和各级领导班子中的非党员培养发展为党员。做好党务干部的政治素养和能力培养工作，定期进行党员教育培训、做好党员日常管理、制定党务干部业绩考核制度并严格执行，为推进“两个覆盖”提供人力保障。要注重从非公企业中培养党组织的带头人和政治上的骨干，不断增强党组织在非公企业中的影响力，激发企业主和非公企业管理人员的积极性和对党建工作的支持。通过这些方式，选优配强党组织领导班子，打造政治过硬、业务精湛的党务工作者队伍。

加大培训力度，提高党建工作骨干综合能力。同时具备较高的业务水平和政治素养是对非公企业党务工作者的基本要求。非公企业党组织要真正发挥作用，党组织负责人和党务干部必须具备较高的业务水平和综合素质。要采取有效措施，加大培训力度，努力提高党务工作者的各项能力。首先要提高政策执行能力，善于宣传发动，让党的政策在非公企业中真正得到落实，发挥政策效应促进企业健康发展。其次要提高服务能力，可效仿沅江市高新区工委的做法，利用每周的“学习课堂”时间对非公企业中的党员开展岗位技能和知识培训，丰富学习内容，改进知识结构，提高工作技能，使党员真正能起到先锋模范作用。再次要提高沟通能力，善于处理与企业成员的关系以及与其他机关之间的关系，提高处理问题的水平。

抓好党员教育，发挥党员的先锋模范作用。在党员教育管理上要突出针对性和实用性。对企业主党员，要监督他们合法经营，教育引导他们构建现代企业民主管理制度，摆脱家族式管理的束缚，树立依靠职工办企业的理念，构建企业发展长效机制；引导他们建立健全企业管理者选拔机制，处理好劳资关系，调动广大员工的积极性、创造性和主动性，推动非公企业健康发展。对管理层党员，要引导他们扮演好双重角色，既当好员工的代言人，又当好老板的好助手，加强与老板联系，积极反映员工意愿，在促进企业发展和保护职工合法权益上发挥双重作用。对普通员工党员，教育他们做好本职工作，努力学习工作技能，提高政治素养，树立主人翁意识，发挥党员先锋模范作用，带领其他员工搞好生产经营。在2021年的党史学习教育中，沅江市高新区党工委组织非公企业基层党组织的主要负责人和企业出资人赴益阳党史纪念馆参观学习，并邀请益阳市委党校老师上了一堂益阳党史课。学习结束后，企业负责人明确表示，该次学习触动深刻，理想信念得到进一步提升，将进一步加强企业党支部建设，进一步发挥党员的先锋模范作用。

四、与企业效益目标深度融合，让党建工作充满活力

推动党的建设与企业文化建设深度融合。随着市场经济的发展、推进和竞争的加剧，企业文化建设在企业内部建设中发挥着不可替代的作用。那么用党的建设引领企业文化的发展方向、将政治建设与企业文化建设深度融合，必将对提升企业核心竞争力、坚持正确的发展方向，从而实现可持续健康发展产生积极的效果。将非公企业的党的建设与企业文化建设深度融合，必将有效提升整个企业员工的政治素养、引导企业员工树立正确的价值观、提升企业的凝聚力和战斗力。

推动党的建设与企业效益目标深度融合。在非公企业有效开展党的建设，就必须做到政治效益、经济效益、文化效益、社会效益等相统一。特别是要推动党的建设与企业经济效益目标深度融合，才能切实保证党建工作的实效。非公企业党组织建设，如果没有经济效益，只就政治讲政治，就党建抓党建，那么就必然会成为无源之水、无木之本，企业经营者也不会支持，政治建设必然不会做到可持续。非公企业党建工作要始终围绕企业生产经营来开展，充分发挥党组织和党员的政治优势、组织优势，为提高企业经济效益而努力，以取得实实在在的可视性效果。只有将非公企业党建工作与企业效益目标深度融合，形成思想共振、效果可视，才能提升员工的积极性，增强企业的凝聚力，大大提升党建的效果。

第六章　机关党的建设科学化问题

第一节　新时代提高机关党建质量的重要意义

党和国家机关在国家治理体系中占有特殊重要地位，是实现党的领导、保持政权稳定的政治机关和执行机关。新时代加强和改进这些机关党的建设，是坚持和完善国家制度和国家治理体系的内在要求，对坚持党的全面领导、推进机关治理和各项事业发展、解决机关自身问题具有重要意义。

一、坚持党的全面领导需要加强机关党的建设

中国共产党的领导是中国特色社会主义最本质的特征，是中国特色社会主义制度的最大优势。党的领导的内涵十分丰富，既包含对国家政权的领导，又包含对社会的领导；既包含对党的自身建设的领导，又包含对治国理政各领域、各方面、各环节的领导；既包含对经济、政治、文化、社会、生态文明事业的领导，又包含对改革发展稳定各项工作的领导。党对这些领域的领导，都需要通过党和国家机关的工作来实现。根据《中国共产党党和国家机关基层组织工作条例》第 41 条的规定，机关党建主要指县级以上各级党的机关、人大机关、行政机关、政协机关、监察机关、审判机关、检察机关以及群团机关党的建设。这些机关的极端重要地位，决定了机关党的建设的特殊重要地位；加强和改善这些机关党的建设，是坚持和完善党对这些机关的领导的重要途径。

党和国家机关是坚持党的全面领导的政治机关和执行机关。党的

十九届三中全会提出："优化党的组织、宣传、统战、政法、机关党建、教育培训等部门的职责配置，加强归口协调职能，统筹本系统本领域工作。"党的全面领导正是通过这些机关的工作实现的。以党委领导，工委统一领导，党组具体领导、管理机关党建工作为主要架构的新时代机关党建领导体制已经确立，解决了长期困扰机关党建的体制机制问题，为进一步加强和改善机关党建创造了条件。党的领导需要根据领导对象的属性和特点采取有针对性的领导方式，避免"一锅煮""一锅端"。例如，按照《中国共产党工作机关条例》规定，党的工作委员会是党委派出机关，领导小组（委员会）是党委办事机构，二者都是党的工作机关，是党实施政治、思想、组织领导的政治机关，是实施党的领导、加强党的建设、推进党的事业建设的执行机关。而实际上，党的工作委员会和领导小组的机构设置、职能配置和运行方式都有所不同，同级党委对党的工作委员会和领导小组的领导方式也有所不同。这就需要结合机关实际情况，将党的领导落实到党的工作机关和国家政权机关的运行中去，将党的建设的成果体现在机关效能上。

二、推动机关治理和各项事业发展需要加强机关党的建设

党和国家机关是党的组织和国家政权稳定运行的执行机关，在党和国家政治生活中具有不可替代的重要地位。党和国家机关的构成十分复杂，以中央层面为例，既包括党的工作机关、党委直属事业单位、由党的工作机关管理的机关，也包括全国人大常委会机关、国务院、国家监委、最高人民法院、最高人民检察院等国家政权机关，还包括全国政协机关、群团机关；在机关内部，既包括机关本级的内设机构，也包括企事业单位、行业协会等直属单位和联系单位，涵盖政治组织、经济组织、社会组织。省、市、县、乡也相应设立了党和国家机关。党和国家机关涉及多个领域、系统、地区和部门，使这些机关更好地发挥应有作用、实现机关治理现代化、不断推进机关各项事业发展的基本思路，是抓住机关建设的关键——机关党建，系统地、有序地推进党和国家机关治理现代化。2018 年 7 月，习近平总书记针对中央和国家机关党的政治建设作指示，指明了中央和国家机关的“政治机关”“领导机关”属性和“模范机关”标准。建设政治机关、领导机关和模范机关，推动机关治理现代化，需要从三个层面发挥机关党建的作用。

一是以机关党建引领、带动机关建设。机关党组织应当有效运用“三会一课”、组织生活会、主题党日、谈心谈话等形式，积极贯彻落实党中央决策部署和上级党组织的各项要求，同时将这些精神转化为机关工作的重要任务，协助、督促行政负责人开展工作。二是以机关党组织协助、促进所在部门的工作。机关党委（机关纪委）、党总支、党支部、党小组等机关基层党组织等应当充分发挥作用，在业务司局、处室、科室范围内开展组织生活发挥党员行政负责人担任所在支部书记的制度优势，推动党建工作与业务工作一起谋划、一起部署、一起落实、一起检查。三是以机关党员干部的优良作风和工作实绩影响、带动机关其他工作人员。机关党员干部的先进性应当体现在站在全局和长远角度谋划工作、扎实有序推进工作、高效廉洁完成工作上，体现在团结同事、勇于担当上，使机关的党外干部受到潜移默化的影响和带动，形成共同做好机关工作的合力。

三、解决机关自身问题需要加强机关党的建设

习近平总书记指出：“中央和国家机关出问题危害很大，属心腹之患而非皮癣之忧，小毛病不治久而久之也可能引起中风、心梗，必须采取有力举措加以解决。”党和国家机关具有高度复杂性、敏感性，在长期发展中积累了若干问题。

一方面，机关建设存在一些问题，如机关科层结构稳定而自我强化意识强、变革能力弱，权力监督和制约难度大，机关及其工作人员具有

自利倾向等，是现代国家机关治理中的普遍难题。机关工作人员行使权力机会多、面临的现实诱惑多，由个人违纪违法、制度缺失、监管不力导致的权力滥用风险大，极大损害了机关的公共属性。同时，机关工作虽然具有自我循环和封闭的特点，但机关工作人员的日常生活无时无刻不受到社会思潮和舆论的影响。社会上一些落后甚至错误的思想观念、生活压力较大、与其他行业的收入差距、职业晋升通道狭窄等问题，都会影响机关工作人员的工作状态和效果，影响机关正常运行。

另一方面，机关党建也存在着一些问题，如机关党建工作观念僵化、思路固化、模式套化、创新不足，机关党建资源和工作力量分散，机关党建工作开展不协调、不平衡，机关政治生态受到污染，机关党组织的活动和工作自我封闭、内部循环，党员主体作用发挥不够等。机关党员干部多是一岗双责，对机关党建既重视又有不少困惑，感到本领恐慌。在实践中，一些机关工委的同志对于履行“统一领导机关党建工作”新职能有不同理解，存在一定程度的模糊认识和行动迟缓；一些党组的同志对如何“具体领导、管理机关党建工作”新职能的认识也不尽相同，在贯彻落实上办法不多；一些机关党委等机关基层党组织的同志反映任务重、本领恐慌、操作性规范少、职业发展受限等，“灯下黑”“两张皮”问题依然突出。这些新老问题不断交织、相互强化，阻碍了机关的正常运行和作用发挥。

解决这些问题，是机关党建的重要任务。一方面，针对机关建设中的权力滥用等问题，机关党建应当充分发挥引导、监督和提醒作用，营造廉洁履职的氛围，提高权力监督的实效性，及时提醒可能存在廉政风险的人员，避免小错变成大错。另一方面，针对机关党建中的问题，机关党组织应当充分发挥教育、管理、监督党员的作用，强化党员的理想信念和组织观念，强化正风肃纪反腐，帮助生活有困难的党员群众，强化制度执行的刚性，为机关建设提供坚强政治保障。

第二节　新时代提高机关党建质量的总体要求

党的十八大以来，党中央高度重视做好机关党建工作，相关的理论研究和实践探索不断深化，集中体现为涉及机关党建的一系列党内法规和规范性文件相继出台，使新时代机关党建的面貌发生了很大变化，形成了“走在前、作表率”的基本定位、高质量发展的基本目标和各项使命任务，确立了加强和改进新时代机关党建的顶层设计和总体思路，完善了加强和改进新时代机关党建的制度体系。

一、基本定位：走在前、作表率

“走在前、作表率”是党中央赋予机关党建的基本定位，既明确了机关党建在党的基层组织建设格局中的“第一方阵”定位，又明确了机关党建在党的各类基层组织建设中的表率作用，要求机关党员干部发挥对其他领域党员的正向引领示范作用，对于带动党的基层组织建设、推进党的建设新的伟大工程具有重要意义。在新民主主义革命时期，中国共产党积累了局部执政的宝贵经验，从党的组织、党员、会议、纪律、经费等方面做出明确规定，党的机关和政权机关党的建设不断推进，为新民主主义革命的胜利发挥了重要作用。经过长期探索，1945 年党的七大通过的党章，首次明确将“机关”这一基层单位作为党的支部组织的依托。中华人民共和国成立以后，党加强自身建设和推进治国理政的任务更加繁重，党和国家机关承担的职责使命更加艰巨，加强这些领域党的建设成为十分重要的问题。对此，1956 年党的八大通过的党章专列一款，对机关中的党的基层组织做出详细规定，提出了监督机关党员的思想政治情况、关心机关工作、加强工作纪律、同官僚主义作斗争、加强向本单位行政负责人通知和向上级党组织报告机关工作缺点等具体任务。实现党在改革开放和社会主义市场经济条件下长期执政，需要各级党政机关和领导干部发挥表率、引领作用，需要机关党建发挥试点、带动作用，机关党建被赋予了“在全国起带头作用和表率作用”“走在党的基层组织建设的前头”的新定位。

习近平总书记在2009年全国机关党的建设工作会议上强调，“机关党建工作必须适应新形势新任务的需要，走在党的基层组织建设的前头”，明确提出“引导广大机关党员、干部做高举旗帜、坚定理想信念的表率，做服务大局、推动科学发展的表率，做转变作风、服务基层群众的表率，做改革创新、保持先进本色的表率”。党的十八大以来，机关党建的定位更加清晰。2013年，习近平总书记在全国组织工作会议上要求：“各级领导机关和领导干部，尤其是中央机关和中央国家机关、高级领导干部要强化带头意识，时时处处严要求、作表率。”2018年，他对推进中央和国家机关党的政治建设的重要指示中，首次提出中央和国家机关要“在深入学习贯彻新时代中国特色社会主义思想上作表率，在始终同党中央保持高度一致上作表率，在坚决贯彻落实党中央各项决策部署上作表率，建设让党中央放心、让人民群众满意的模范机关”，即“三个表率、一个模范”。此后，2019年召开的中央和国家机关党的建设工作会议对这一定位加以沿用，并将这一定位由中央和国家机关党组织拓展到各级机关基层党组织。经过长期实践探索，新时代机关党建“走在前、作表率”的定位基本形成。

二、主要目标：高质量发展

在全面从严治党向基层延伸的过程中，基层党建在破解“数量”问题方面取得新进展。一方面，为解决一些领域基层党组织软弱涣散、阵地缺失、功能缺位等问题，基层党建确立了加强党的组织覆盖和工作覆盖的思路，提高在各个基层单位中建立党组织的比例，逐步发挥这些新建立的党组织的战斗堡垒作用。另一方面，为解决党员发展工作中存在的党员发展过快、发展程序不规范、不合格党员“出口”窄等问题，基层党建确立了把政治标准放在首位、慎重发展的思路，使党员数量和结构更加符合党的先进性、纯洁性要求。经过不懈努力，基层党建中的“数量”问题得到逐步解决，基层党建的“质量”问题凸显出来了。

在此基础上，机关党建不断深化拓展，在注重解决“数量”问题的同时更加注重“质量”提升，推动机关党建高质量发展的党内共识和战略目标确立起来。2018 年，习近平总书记在推进中央和国家机关党的政治建设的指示中，指明了中央和国家机关的“政治机关”属性和“模范机关”标准。2019 年 2 月，中共中央印发《关于加强和改进中央和国家机关党的建设的意见》，成为推动中央和国家机关党建高质量发展的指导性文件。2019 年 3 月，中共中央印发修订后的《中国共产党党组工作条例》，明确了党组“领导机关和直属单位党组织的工作”的职责。2019 年 7 月，习近平总书记在中央和国家机关党的建设工作会议上要求全面提高中央和国家机关党建质量。2019 年底，中共中央印发修订后的《中国共产党党和国家机关基层组织工作条例》，全面规范了机关基层党组织工作。上述一系列党内法规和规范性文件汇集起来，从领导体制、运行机制、职能责任等方面规范新时代机关党建，形成新时代机关党建的制度体系，为新时代机关党建高质量发展提出了明确要求，指明了工作方向。

机关党建高质量发展的内涵十分丰富，既涉及机关党建的日常工作克服形式主义、提高建设质量的问题，又涉及机关党建能否推动机关高质量完成急难险重等特殊任务；既涉及落实新时代党的建设总要求涵盖的各项要求，又涉及解决机关领域存在的特殊问题和突出矛盾。随着实践的深化，机关党建高质量发展的重点也会有所调整，即更加注重机关党员政治能力和业务能力的有效提升，又注重机关党建工作与业务工作有机融合，更好地实现党对自身工作机关和国家政权机关的领导。

三、新时代机关党建的使命任务

确立新时代机关党建的使命任务，是机关党建发挥作用的关键。2019年，在中央和国家机关党的建设工作会议上，习近平总书记提出了中央和国家机关党的建设的使命任务，这就是：以新时代中国特色社会主义思想为指导，增强“四个意识”，坚定“四个自信”，做到“两个维护”，以党的政治建设为统领，着力深化理论武装，着力夯实基层基础，着力推进正风肃纪，全面提高中央和国家机关党的建设质量，在深入学习贯彻新时代中国特色社会主义思想上作表率，在始终同党中央保持高度一致上作表率，在坚决贯彻落实党中央各项决策部署上作表率，建设让党中央放心、让人民群众满意的模范机关。这一使命任务，既是中央和国家机关党的建设的使命任务，同时也应当成为各级党和国家机关党的建设的使命任务，完成这一使命任务，需要持续加强党的政治建设、思想建设、组织建设、作风建设、纪律建设，推进反腐败斗争，把制度建设贯穿其中，不断增强机关党建的实效。加强机关党的政治建设，做到“两个维护”。习近平总书记指出：“如果马克思主义政党政治上的先进性丧失了，党的先进性和纯洁性就无从谈起。这就是我们把党的政治建设作为党的根本性建设的道理所在。”中央和国家机关是贯彻落实党中央决策部署的“最初一公里”，是加强机关党的政治建设、做到两个维护的“第一方阵”。同时，地方各级党和国家机关是落实党中央决策部署和上级党组织各项要求的“第一方阵”。增强“四个意识”,坚定“四个自信”，做到“两个维护”，需要全党特别是各级党和国家机关共同努力，突出先进性和纯洁性，克服形式主义和官僚主义，切实将维护党中央权威和集中统一领导的实际行动体现在做好本地区本部门工作中，体现在贯彻落实党中央决策部署的实际成效中。在这个过程中，党和国家机关作用特殊，承担着承上启下、引领示范、督促推动的作用，是“两个维护”的执行者、推动者和示范者。党和国家机关及其党员干部应当更加坚定自觉、走在前列，带动全党形成维护党中央权威和集中统一领导的强大合力。

着力深化理论武装。党和人民的事业每前进一步，就要求理论创新前进一步，用党的创新理论武装全党、指导实践。面对世界百年未有之大变局和中华民族伟大复兴战略全局，党和国家机关及其工作人员承担着重大政治责任，需要准确把握党中央精神，不折不扣地将党中央的战略意图落到实处，结合本地区本部门实际情况创造性地开展工作，转化为推动党和国家全局工作的成效。如何准确把握中央精神、把握“国之大者”的内涵外延？方法只有一个，就是深化理论学习，真正学懂弄通做实党的创新理论，在多种矛盾中抓主要矛盾，在错综复杂关系中抓问题本质，在发展演变中抓基本规律，用不断深化的理论认识指导实践，着力夯实基层基础。

党和国家机关中的党组（党委）和基层党组织承担着推动全面从严治党向基层延伸的重要职责。一是根据《中国共产党工作机关条例》《中国共产党党组工作条例》《党委（党组）落实全面从严治党主体责任规定》等党内法规规定，部门党组（党委）领导本部门党的工作，明确机关党建的责任主体，健全机关党建领导体制。二是机关工委发挥对机关党的工作的统一领导作用，统一规划、统一部署、统一实施、统一检查机关党建工作，整体提升机关党建质量，加强党对机关党建工作的领导。三是机关基层党组织应当协助行政负责人完成任务、改进工作，教育、管理、监督广大机关党员，反映机关党员的思想和工作动态，充分发挥坚强战斗堡垒作用，着力推进正风肃纪反腐。党和国家机关是行使权力的部门，存在权力滥用的风险，自然成为权力监督的重点对象。机关党建的一项重要任务，就是党组织发挥政治功能和组织功能，集中集体的智慧和力量，监督党员干部和其他任何工作人员严格遵守国家法律法规，强化权力监督和制约。一是推动党员干部锤炼党性、培育优良作风、自觉抵制歪风，发挥作风建设扬正气、树新风的引导作用。二是推动党员干部坚守本色、避免触碰底线，严格遵守党章等党内法规，严格遵守政治纪律、组织纪律、廉洁纪律、群众纪律、工作纪律、生活纪律等各项纪律。三是推动党员干部秉公用权、保持清正廉洁，正确行使党和人民赋予的权力，为在党和国家机关中一体推进不敢腐、不能腐、不想腐创造条件。

第三节　新时代提高机关党建质量的基本思路

在中央和国家机关党的建设工作会议上，习近平总书记提出处理好共性与个性、党建与业务、目标引领与问题导向、建章立制与落地见效、继承与创新五对关系，以促进机关党建高质量发展。正确认识和处理这五对关系，是新时代提高机关党建质量的基本思路。

一、正确处理共性和个性的关系

机关党建中的共性与个性，主要体现为贯彻落实党中央关于基层党建的各项决策部署与从机关实际出发创造性地开展工作相结合。一是落实基层党建各项决策部署。2017 年，党的十九大对党的基层组织建设做出部署，提出以提升组织力为重点，突出政治功能，把基层党组织建设成为坚强战斗堡垒。2020 年，习近平总书记在中央政治局第二十一次集体学习时强调，要充分发挥“各领域基层党组织的政治功能和组织功能，把广大党员、干部和各方面人才有效组织起来，把广大人民群众广泛凝聚起来”。机关基层党组织是党的基层组织的重要组成部分，机关党建是基层党建的重要组成部分，机关党建应当在充分发挥政治功能和组织功能方面“走在前、作表率”。在政治功能方面，重点是将党的全面领导落到实处。在机关中，需要落实好同级党委对机关党建工作的决策部署，将机关工委统一领导和单位党组（党委）具体领导、管理结合起来，将党总揽全局、协调各方的领导作用落到实处。

在组织功能方面，重点是有效发挥党组织和党员作用。党组织既要教育、管理、监督党员，又要组织、宣传、凝聚、服务群众；既要协助和监督行政负责人工作，又要推动党建工作与业务工作相融合；既要抓好自身建设，又要推动所在单位各项工作发展。做好这些工作，引领带动更多的组织和干部共同推进机关各项事业发展，离不开党组织和党员积极性、主动性、创造性的有效发挥。

从机关实际出发，创造性地开展工作。党和国家机关数量多、类型多、情况多，从中央到地方的机关情况也不相同，这就要求机关党建在同级党委的统一部署下，结合机关实际有序推进。例如，为贯彻落实习近平总书记在中央和国家机关党的建设工作会议上的讲话精神，中央和国家机关工委在中央和国家机关中组织开展了强化政治机关意识教育、“灯下黑”问题专项整治和全面推进党支部标准化规范化建设三项专项工作，推动中央和国家机关强化政治机关意识、走好“第一方阵”。强化政治机关意识、走好“第一方阵”是共性要求，是所有中央和国家机关都要努力实现的目标，同时，各个中央和国家机关结合本单位实际提出了具体的落实措施。以党的政治建设保障机关业务工作顺利开展，以机关业务工作的成果检验党的政治建设的实效，实现机关党建中共性和个性的有机结合。

二、正确处理党建和业务的关系

党建工作和业务工作的关系问题，是包括机关党建在内的基层党建的老问题。这一问题总体表现为党建工作与业务工作“两张皮”，党建工作没有发挥推动业务工作的作用，业务工作与党建工作也没有形成合力，反而“顾了这头顾不了那头”，“围绕中心抓党建、抓好党建促业务”落不到实处；在不同历史时期、不同区域或单位，这一问题的具体表现形式有所不同，比如有的领导干部不重视党建工作、专职党务工作者的待遇相对较低、党建工作成效的考核难度大、党建工作方法陈旧、党建工作中存在形式主义等。对此，需要准确把握和有效改进机关党建工作与机关业务工作的关系，需要厘清蕴含其间的基本问题，在此基础上寻求解决之道。

一是准确把握两类机关党组织的具体职责。一方面，党组（党委）同时领导本单位党建工作和业务工作。这就要求党组（党委）成员特别是主要负责的同志要高度重视做好机关党建工作，选派年富力强的优秀干部专职从事党的工作，提高机关党建工作质量。另一方面，机关基层党组织应坚持协助本单位行政负责人完成任务、改进工作，不领导本单位业务工作的定位；机关基层党组织的主要工作是推动党的政治建设、党员队伍建设、党内民主和监督、党务工作人员队伍建设等，主要精力放在抓党的工作、做人的工作上，为机关业务工作提供政治保障。

二是分类解决党建工作与业务工作“两张皮”问题。这一问题具有复杂性和层次性，应当区分工委、党组（党委）、机关基层党组织等机关党建主体的职责，区分机关党建涉及的本级机关、事业单位、企业、社会组织等组织的情况，区分“两张皮”问题在政治意识、党的领导、党的建设、责任落实等方面的不同表现，分类别分层次剖析党建工作与业务工作的关系，针对不同层次分类施策。具体而言，需要从分析单位党组（党委）与单位领导班子的关系、机关基层党组织与所在部门的关系、党组（党委）与机关基层党组织的关系、机关党员干部与所在党组织的关系入手，明确共同责任与各自分工，结合机关党员领导干部的双重身份（既是党员又是机关干部），梳理“两张皮”问题的表现、根源，逐步加以解决。

三、正确处理目标引领和问题导向的关系

处理好目标引领和问题导向的关系，实质是正确认识和处理长远与当前、整体与局部、宏观与微观的关系问题。机关党建的高质量发展目标，侧重于从长期建设、整体推进和宏观指导角度为机关党建指明前进方向、规划发展阶段，同时，机关党建存在不少问题，需要集中解决、分类推进、精准发力，才能增强机关党建解决自身问题的能力。一是加强机关党建领域统筹谋划。党的十八大以来，机关党建领域顶层设计不断推进，主要体现在以完善机关党建领导体制为牵引的一系列改革创新。党的十九届三中全会明确了党和国家机构设置与职能配置，合并中央直属机关工委和中央国家机关工委，组建中央和国家机关工委、地方党委机关工作委员会，调整优化工委的机构设置，形成党委领导机关党建工作的合力；完善工委的职能配置，突出机关党建的归口协调职能，赋予中央和国家机关工委统筹机关党建系统工作的职责；优化工委内设机构，整合资源、提高效率，针对新的重点工作领域和对象健全内设机构。此次党和国家机构改革明确了机关党建各个主体的责任，完善了机关党建的领导体制和运行机制，为推动机关党建落地见效提供了组织保障。以健全机关党建领导体制为动力，机关党建进一步明确了“走在前、作表率”的内涵，坚定了高质量发展的目标，提出了新时代机关党建的使命任务。

二是切实解决机关党建领域突出问题。什么问题突出就集中解决什么问题，是党中央治国理政的重要方法论，是勇于攻坚克难的坚定信念和集中精力解决主要矛盾的工作方法的集中体现。“灯下黑”、党建与业务“两张皮”、一些干部不懂不会党建工作、党建工作形式主义等机关党建问题，既有基层党建面临的共性问题，也有机关特殊情况下形成的个性问题。以解决机关党建中长期存在的形式主义问题为例。2020 年，中央办公厅就持续解决困扰基层的形式主义问题印发通知，从筑牢思想政治根基、纠治形式主义问题、防止文山会海反弹回潮、改进督查检查考核方式方法、提高调查研究实效、完善干部担当作为的激励机制、深化治理改革为基层放权赋能、坚持以上率下狠抓工作落实等方面提出具体措施，努力化解形式主义的存量问题、避免形式主义的增量问题。这是解决机关党建形式主义问题的政策组合，有助于从思想认识、体制机制、工作部署、方式方法等方面综合治理形式主义问题。

四、正确处理建章立制和落地见效的关系

处理好建章立制和落地见效的关系，需要不断推进机关党建领域党内法规制度建设。在总结长期实践经验基础上，制定出一系列党内法规和规范性文件，解决机关党建领域“有规可依”的问题，是制度建设的重大成果；一分部署，九分落实，推动体现新时代机关党建高质量发展要求的法规文件落地见效，同样是制度建设的题中应有之义，需要在切实提高制度执行力上下功夫，更好地把制度优势转化为治理效能。

一是完善机关党建领域党内法规制度体系。推进制度供给侧结构性改革，是解决机关党建问题的制度基础。机关基层组织条例是中共中央较早制定的基层组织建设领域的党内法规。1998 年，中共中央制定的《中国共产党党和国家机关基层组织工作条例》，是党的历史上第一部专门规范党和国家机关基层组织的条例，发挥了促进机关党的工作走向规范化、制度化的作用；2010 年，中共中央修订了该条例，进一步推进机关党的工作制度化、规范化、科学化；2019 年，中共中央再次修订该条例。机关基层组织条例及相关党内法规，吸收了坚持党要管党、推进全面从严治党的新经验，吸收了机关党的工作的理论、实践和制度创新成果，从主体的责任及相互关系、领导体制机制、职责任务、领导保障等方面，提出了加强和改进机关党的建设的具体措施，形成了新时代机关党建的制度框架，提高了机关党的建设的制度化、规范化水平，标志着指导新时代机关党建的基本遵循确立起来。

二是提高机关党建领域党内法规制度执行力。持续提高制度执行力，防止在制度执行上搞变通，是制度建设的重要任务。习近平总书记明确要求："要狠抓制度执行，扎牢制度篱笆，真正让铁规发力、让禁令生威。"推动制度执行，既要使机关党员干部认识到制度执行的严肃性、必要性，提高制度执行意识，推动自觉执行制度；又要提高制度执行的督促检查质量，精准治理有令不行、有禁不止的行为，强化制度执行的刚性。在制度执行过程中，应当高度重视制度执行的简便易行，准确评估制度执行的成本，避免为监督而监督，导致制度执行中层出不穷的形式主义和官僚主义。同时，应注重从实际出发，及时总结制度执行的经验教训，分析制度执行遇到的新情况新问题，向有关部门提出完善制度和制度执行的意见建议，畅通制度执行渠道。

五、正确处理继承和创新的关系

作为一个拥有近百年历史的大党，中国共产党在长期实践中形成了一系列加强自身建设的优良传统，成为加强和改进新时代加强机关党建的宝贵经验。在新的历史条件下，机关党建需要适应新形势、体现新担当，在继承基础上锐意改革创新，创造新鲜经验，推进新的实践。在拥有优良传统和难得发展机遇的同时，机关党建也面临着重大挑战。从工作属性来看，政治属性是党和国家机关的根本属性，从方向、道路和方法上对机关党建提出了很高的要求。习近平总书记指出："讲政治最根本就是要讲党性，在思想政治上讲政治立场、政治方向、政治原则、政治道路，在行动实践上讲维护党中央权威、执行党的政治路线、严格遵守党的政治纪律和政治规矩。"从工作格局来看，机关党建在基层党建中"走在前、作表率"的高标准定位，不但要求机关党建要善于解决好自身问题，也对机关党建守正出新提出了更高要求，既要在坚守优良传统作风上做表率，又要在改革创新上做表率。从工作对象来看，机关党员干部及所属企事业单位党员干部所处的时代环境十分复杂，机关党员干部工作压力大、面临的诱惑多，能否在复杂环境中调动和发挥干事创业的积极性，是考验机关党建工作成效的一个标尺。从工作方法来看，机关工作处在科层结构之中，上下级间的命令—服从关系和层层负责的权责体系，使规范、严谨、稳定成为机关工作的主基调，工作思路和工作方法的创新意识、创新动力、创新能力则相对欠缺，落后于工作属性的要求，工作格局和工作对象的快速变化，有时难以取得应有的工作成效。

机关党建只有不断改革创新，才能有效解决这些问题。一是理念思路创新。机关党建已经形成一套比较完善的工作思路，面对新形势新任务，需要下大力气转变理念思路，才能有所创新。一方面，向其他机关取经，向其他领域的基层党组织学习，开展联建、共建活动，在沟通交流中相互介绍工作经验和难题重点，在研讨互动中触发灵感、产生思想火花，为解决本单位问题拓展思路；另一方面，在本单位营造鼓励创新、支持改革的良好氛围，调动各基层党组织和党员积极性，在讨论和实践中激发新思路新举措。二是方式手段创新。机关党员干部处在丰富多变的社会环境中，随时受到各种新媒体和现代信息技术的影响，仅仅依赖原有的单一、固化、缺乏新意和吸引力的工作方法，显然已经很难得到机关党员干部的共鸣和认同。同时也要看到，机关党建具有规范性、严肃性，完全移植新媒体新技术到机关党建中来，也是要慎重考虑的。这就需要调动广大党员干部积极性，善于发现由党员干部摸索形成的好经验、好做法，提炼其精华，在试点基础上逐步推广。三是基层工作创新。解决机关党建难题的关键，是在做好本职工作的同时走出机关，深入实际、深入基层、深入群众，开展调查研究、掌握真实情况、拓展工作思路，从根本上推动基层工作创新。只有走好机关工作的群众路线，由被动接受工作转变为主动高效完成工作，才能真正调动广大基层党员群众的积极性，为新时代机关党建提供持久稳固的动力。

第七章 农村基层党的建设科学化问题

第一节 农村基层党建创新引领农村社会治理

一、基层“党建 +”创新为农村社会治理夯实组织基础

伴随着农村经济社会的不断变革，农民思想观念的不断更新，加之体制机制等方面的影响，农村基层党建面临许多新情况、新问题。全面深化农村改革，不仅要求基层党组织当好改革的组织者和引领者，还要当好实践者。但是，传统模式下的农村村级党组织在新时期农村社会转型和产业发展转型中面临着以下两个方面的难题：一是基层党组织发挥作用难。部分基层干部对党组织的作用重视不够，对党务工作的重要性认识不到位，大部分精力花在发展经济、基础建设和维护社会稳定等中心工作上，以至于党建工作囿于“三会一课”等基本党务工作的被动应付，组织开展活动难，从而导致党组织的凝聚力较弱，党组织的作用难以发挥。二是党建工作与经济发展结合难。农村基层党组织的核心作用之一就是引领农村经济发展，但传统的农村党建模式往往忽视了这个作用的发挥，导致经济发展缓慢。进入新时代，随着乡村振兴战略的实施，农村经济得到了长足发展，但如何找到党建与经济的契合点，实现党建与经济融合发展，在农村经济发展中突出党的领导是基层党组织面临的新问题。因此，创新“党建 +”，强化基层党组织建设，为农村社会治理夯实组织基础，是新时代农村社会治理的重要课题。

二、基层"党建+"创新是适应农村经济社会变迁的必然选择

随着农村经济社会的变迁，乡村治理主体逐渐呈现多元化趋势。除政府、党组织、人民群众外，各种民间经济组织、社会团体异军突起，在乡村治理中扮演着越来越重要的角色，同时也给乡村治理带来新的挑战。第一，农村产业结构的调整带动了经济组织、社会组织的快速发展，给基层党组织的工作增加了难度。集体经济、合作社等乡村经济共同体成为乡村经济发展的新趋势。这种合作组织以经济利益为核心，不可避免地出现群众对经济组织的归属感高于对党组织的归属感，对经济带头人的认同感高于党组织负责人，弱化了基层党组织和负责人的作用。因此，如何实现经济带头人和党组织负责人的统一是摆在基层党组织面前的难题。第二，农业产业化发展对基层党组织的设置方式提出了新挑战。农业产业化过程中出现的新变化要求土地、劳动力等生产要素实现跨村、跨行业的优化配置，而传统以村、组为单位的党组织设置模式造成了生产要素的人为分割，严重阻碍了乡村治理现代化的推进。

第二节　农村基层党建工作的实践探索

随着农村经济格局的多元化发展和政治生态的显著变化，传统的农村基层党组织活动方式受到一定程度的掣肘，已经难以适应农村经济社会的变化和新时期基层党组织建设的新要求。为了适应农村社会变革的需要，湖南省沅江市部分农村村级党组织在实践中探索将乡村社会治理、乡村振兴与基层党建有效结合，形成了特色鲜明的"党建+"工作创新亮点。

一、"党建+文化"引领的胭脂湖文明乡村创建模式

胭脂湖街道地处沅江市城南，交通十分便利，区位优势明显，素有

沅江“南大门”之称。胭脂湖街道一个最大的亮点，就是文化氛围特别浓厚。走进胭脂湖，能让人感到一股浓浓的文化气息。近年来，胭脂湖街道创新机制，突出特色，多措并举着力推进精神文明建设。具体做法有：

以“农民文联”为载体，营造“中华诗词之乡”。一是创建农民诗社搭建平台。2009 年，为传承推广传统文化，胭脂湖街道党委组建了杨梅山农民诗社，并在每个村建立分社。目前已建立 8 个分社，3 个诗词培训基地，有会员 300 多人，诗社成为推进农村文明建设的新平台。二是开展诗词创作增强活力。农民文联创办了诗刊《赤脚泥花》(后改为《湖乡诗韵》)，现已出版 22 期。开展万首诗词手抄活动，创作手抄本 50 多本。举办诗词培训 38 次，书写诗词联 1.5 万件。开展诗词文化进机关、进学校、进农户“三进”活动，在 3 所学校开设诗词课程，将诗词文化向一线普及。在会员中率先开展红白喜事不送礼而送诗词活动，进一步促进文明新风。三是推广《治家诗训》，加强家风建设。2015 年，为加强家风建设，以家风促进民风，街道组织农民诗社创作 100 多首有关家风的诗词，从中提炼 26 首，作为《胭脂湖街道治家诗训》，由街道统一制作赠送农户，张贴上墙，号召村民学习。目前，《治家诗训》已在三眼塘等村推广，民风得到提升。

以“农家书屋”为平台，推进乡风文明。2009 年 3 月，胭脂湖街道莲子塘村村民曾汉斌用自己多年省吃俭用积累下来的 1 万余元，自购 2400 多本图书，将自家一楼两间大房子腾出来并稍加装饰，放上 3 个简陋书柜、2 张阅览条桌，办起了“农家书屋”。十年如一日，曾汉斌先后投资了 4 万余元，积攒了 6000 多册图书。他把这些书籍按“政经类”“农技类”“历史类”“文化生活类”“青少年类”等分为七大类，贴上标签，以便查找。遇到村里放电影、村民大会、红白喜事，他还向大家推介他的“农家书屋”，鼓励村民办理借书证，免费借阅。他的义举得到了沅江市文体广新局、市图书馆等单位和党委政府部门的帮助，这些单位和部门为书屋购置了新书架，为书屋捐赠图书上千册，还给予曾汉斌一定的奖金。现在书屋越建越完善，影响越来越广泛，在推进乡风文明中的作用也越来越大。

二、“党建＋规划”引领的黄茅洲美丽乡村创建模式

黄茅洲镇党委、政府在2018年成立了由书记、镇长牵头，人大主席具体分管，班子成员、政府干部、各部门负责人联合参加的美丽乡村创建领导小组，聘请专家团队进行了顶层设计，逐项落实实施项目内容，科学布局建设规模格局。以黄茅洲镇民心村为例，其“党建＋规划”的具体措施有：

由沅江市建设局规划股制作了民心村村庄建设规划图，聘请湖南农大徐飞雄教授制作了民心村田园综合体概念性详规，聘请江苏建设厅乡村研究设计所制作了建设性详规，确定了“一心（民心客厅）、二环（机动车环线和步行道系统）、七园（紫薇园、蓉园、桃园、药材园等）、多庄（蜜蜂农庄、番薯农庄等）”，设计了民宿、健身休闲、垂钓、生态农庄、景观台、植物迷宫、花卉苗木门楼及各处景区景点，充分体现了多功能科学布局，特色凸现，风格彰显，别有景致。

2018年建设完善民心村4000亩产业布局（含1000亩休闲垂钓），剔除低档产业，发展高效林果产业。400亩冬桃年收入达每亩1万元以上，年收入400多万元。园艺基地年收入达到2000多万元。400亩药材基地2019年开始创收，1600亩特种水果2019年开始挂果，2021年进入盛产期，亩产收入达1万元到2万元。苎麻科普基地2018年繁育麻苗400万株，收入100多万元。预计整个产业园从2021年起，年创产值8000万元左右。目前，民心村产业园有省级林业龙头企业“湖南云梦洞庭乡村旅游开发有限公司”、益阳龙头企业“沅江市民心园林绿化有限公司”两家公司；有“沅江市民蕊苗木专业合作社”“沅江市宏运达柑桔专业合作社”“沅江市文燕中药材种植专业合作社”三家专业

合作社；有“学文家庭农场”等，有效解决了村级产业融合问题。

2019 年水环境治理，政府组织了 100 人团，分设 10 个工作小组，包户负责，实行 3 个 6（早上 6 点上班，晚上 6 点下班，每周工作 6 天）工作制，做好每天一总结，每天一调度，全力以赴，全面安排，全方位推进，镇级出面，安排了 14 套广播设备，收到了显著的效果。民心村村支两委成立了相关的领导小组，下设项目组、财务组，层层夯实责任，相继召开了一次全体村民大会，10 次党员、村民代表大会，12 次村支两委、村议事会、监事会会议，广泛发动，层层动员，充分激发村民参与美丽家园创建的想法和主观能动性。为更好地扩大影响，营造氛围，村级自发举办了两届桃花节，盛况空前，影响广远，远近游客纷至沓来观赏游玩，兴致盎然。

三、“党建 + 村中心工作”引领的共华镇和谐乡村创建模式

“党建 +”强调的是引导、协调、服务的“大党建”，围绕中心工作抓党建，使党建渗透、融合到农村各项工作之中，为中心工作服务。以共华镇双阜村为例，其“党建 + 村中心工作”的主要举措有：

“党建 + 产业扶贫”。在培育特色产业中，将党的建设与产业发展和扶贫相结合，将党员致富能人聚在产业链上，把生产基地、龙头企业、协会组织联结起来，由企业的发展带动贫困户脱贫致富。省重点产业扶贫项目 20 万元，投资沅江市长进水稻专业合作社，该项目覆盖 2017 年已脱贫贫困户 43 户 75 人，五年内每人每年享受 240 元的保底分红，五年后风险共担，同股同利。市自然资源局联系爱心企业捐款 32.4 万元，按 2018 年未脱贫人口 53 户 108 人，每人 3000 元入股沅江市长进水稻专业合作社，确保贫困人口五年分红，每人每年保底分红 500 元。市扶贫办拨付双阜村产业扶贫项目资金 50 万元，该项目覆盖全村建档立卡贫困户 129 户 250 人。五年内 10% 的收益分红，分给贫困户每年 3 万元，每人每年 120 元，分给村集体每年 2 万元；五年后 50 万元的 75% 归双

阜村村集体或继续入股分红。形成了比较完备的“支部 + 公司 + 合作社 + 扶贫对象”模式。

“党建 + 人居环境整治”。将党组织和村民理事会结合在一起，发挥党组织的先进性。村党支部推行“一句话承诺”，通过支部感召，让全村党员深化党员意识；党员在村庄环境专项整治中当先锋作表率，带领全村群众共同维护村庄的整洁；大力开展危房、空心房、违建房“三房”拆除工作，坚持党员带头拆，引领示范，以点带面，全面推进全村人居环境整治工作。

第三节 农村基层党建工作创新的社会效应

从上面三种社会治理模式中，我们可以看出，虽然这些基层党组织的创新形式各不相同，但其目标指向都是顺应基层社会治理结构的转型变化，改变传统基层党的建设的封闭性模式，每一个模式都会有一个团结和谐、坚强有力、懂经营、善管理、发展意识较强的党组织班子，将搭建的村党组织与发展经济、带民致富、管理社会、服务民生的功能紧密结合，形成相融互动的组织带动体系平台。这些积极探索，得到了广大群众的普遍认同和积极参与，取得了明显成效，主要体现在以下四个方面：

一、强化了政治引领

各种治理模式虽然各有侧重，但都离不开一个共同的特点，就是凸显党组织的核心作用。在“党建 +”创新实践中，基层党组织和基层干部既是实践的组织者，也是参与者，不仅接受群众的监督，规范了自身的行为，而且提高了发动群众、组织群众和服务群众的能力。一是增强村党组织凝心聚力的核心作用。基层干部在示范引领上下功夫，发挥基层干部的带头作用，坚决执行党员干部“让利于民”的原则，在低保评定、贫困户评定等工作中坚决杜绝了一切优亲厚友的行为，得到群众的普遍支持和拥护,厚植了党的执政根基。二是建强了基层干部后备力量。以合作社负责人、退伍军人、回乡青年等农村优秀青年为对象，建立农村优秀青年后备人才信息库。通过“一手抓党建基础、一手抓经济建设”，积极探索标准化推进路子，以党员先锋模范作用发挥为“内动力”，把党员队伍的资源优势转化为经济社会建设的人才优势，形成互联互助互补互通的党建合力，有效融合了基层党建与社会建设的关系，密切了党员与群众的关系。三是提高了村党组织领导农村各类组织的能力。村党组织依法依规讨论决定村内重要事项，领导村内各类组织开展工作，扩大了党在农村的工作覆盖面，基本消除了党的路线方针政策在农村贯彻落实的盲点。

二、提振了乡风文明

一系列创新实践，激发了群众的致富愿望，增添了每个家庭的压力和动力，使广大群众的思想观念、文化素质、生活方式、行为习惯有了明显转变，自觉地革除了婚丧活动大操大办、铺张浪费等陋习，逐步形成了弃恶扬善、文明健康、积极向上的新风貌。以胭脂湖“农家书屋”为例：第一，提高了乡民的教育意识和文化素养。乡民把自家的孩子送到书屋来读书学习，孩子们学习成绩提高了。10 年来，长期到书屋来学习的孩子考上二本以上大学的多达 80 多人。附近村民在农业生产中有什么不懂的问题就到书屋来查阅农技类的书籍，互相交流切磋，不仅丰富了农业知识，还开阔了眼界。10 年来，已先后办理借书证近 300 个，4000 多人次来借阅过书籍，仅图书借阅登记册就有厚厚的 5 大本。第二，丰富了乡民的业余生活。与组建书屋结合，曾汉斌还组建了一支“文艺宣传队”，他腾出两间房子作为文艺队的活动室，写书联、编歌舞。这样，把村民从牌桌上拉了下来，既丰富了业余生活，又锻炼了身体。第三，有助于破除乡村的陈规陋习。与“农民文联”送诗词配合，“文艺宣传队”免费为办红白喜事的村民送歌舞，操办婚丧事宜，为乡民节省了一大笔开支，得到乡民的广泛支持，有利于破陋习，树新风。

三、助推了产业发展

不论何种特色的“党建+”模式，都离不开经济建设这个中心。通过“党建+产业发展”，特别是“党建+产业扶贫”，增强了群众共同发展、共同致富、共促和谐的信心和凝聚力，助推了全村经济的全面发展。以黄茅洲镇为例：第一，优化了产业结构。在全村范围内统筹产业发展规划，剔除低端产业，发展高端高效产业，打破了传统小农经济的束缚，有效推动农村产业向规模化、集约化发展。第二，提升了农产品的附加值。通过组建专业合作社、集体经济公司等经济实体，在龙头企业、乡村旅游、农村电商的带动下，农产品实行统一销售，经营发展上实现融合发展，农产品附加值明显提升。第三，拓宽了农民增收渠道。民心村田园综合体框架基本形成，实现了“土地流转获租金、就地务工挣薪金、合作经营得资金、折股量化分股金”的“一园生四金”产业收益模式，带动全体村民每户年均增收2万元以上。第四，壮大了村级集体经济。通过村级集体向公司和合作社投资入股分红，充分利用村级集体资源资产，收取土地流转协调费，加大农业设施投入，如申请建设大型冷库物流等，争取村级集体年收入在50万元以上，一旦形成规模，力争村级集体年收入达200万元左右，通过一系列行之有效的措施，增强造血功能，发展壮大村级集体经济，保证维护运营成本。

四、促进了社会和谐

“党建+”实践活动，增强了基层组织民主管理和依法办事的能力，有效化解了各种社会矛盾，维护了社会的和谐稳定。第一，基层党组织通过大力推进服务型党支部建设，以服务实效作为支部民主评议党员的重要依据，让党支部在基层重点工作中唱主角，带领群众致富奔小康，营造真抓实干的良好工作氛围，以实际成效取信于民。第二，基层党组织根据社会发展水平和村情民意，通过“党建+扶贫”“党建+文化”“党建+治理”等方式，有针对性地解决贫穷落后的群众怎么致富、忤逆不孝的人怎么敬老、封建陋习怎么革除等突出问题，增强社会治理的前瞻性和有效性，促进社会和谐。第三，通过探索村民议事会、红白理事会等协商形式，吸纳相关利益方、社会组织、驻村单位参与协商村级事务，提高了农民的民主意识和参与意识。如黄茅洲镇在对民心村试点规划美丽乡村建设中，通过召开全体村民大会、村民代表会议、党员大会、村民议事会、监事会等形式，广泛征求意见，有效避免了意见分歧和矛盾冲突。

第四节　农村基层党建引领社会治理创新的路径选择

一、立足长远，培育农村基层党组织的内生动能

在大力实施乡村振兴战略的特定背景下，充分发挥农村基层党组织的内生动能显得尤为重要。农村基层党组织在乡村组织体系中的统领地位，使得在促进乡村组织振兴、培育乡村组织动能的过程中，必须把培育农村基层党建的内生动能作为摆在首位的问题来精细谋划。一是加强制度建设。制度问题是一个具有根本性、全局性、稳定性和长期性的问题。培育农村基层党组织的内生动能，必须要充分利用好加强乡村组织振兴的重要契机，建立健全相关制度，以刚性的制度约束力和保障力助推农村基层党组织的内生动能培育。二是实施“头雁工程”。把培养一批政治过硬、本领高强、求实创新、能打胜仗的村干部队伍作为新时代

做好党建工作的重中之重来抓。例如，实施农村带头人动态管理模式，从转业军人、致富能手、维稳能力强的群体中选出“能人”充实到村党支部班子，从源头上把好政治关。坚持高标准、选能人、用强人的工作要求，选入政治立场坚定、工作能力强、群众公认的党员干部担任支部委员。三是注重适任人选的储备和能力提升。搭建有效平台，发掘党员资源，将无职党员分类引导。比如，将政策水平高、懂技术、年富力强的复员军人组成宣传、帮富、治安队伍，将有群众基础的老党员组成调解队伍，构建起组织网络。同时将表现突出，群众认可度高的无职党员作为后备村干部培养，在村级换届调整时优先提名，以此建立起配套的激励机制。

二、一村一策，打造特色鲜明的党建品牌

每一个社区的形成和发展都具有各自的特点，其地域大小、人文资源、自然条件、外部环境都或多或少存在差异，“党建+”必须建立在这些历史和现实的基础之上。“党建+”工作引领农村社区治理，也必须针对各社区类型的特点展开，形成各村独具特色的党建品牌。比如，对于家族观念比较浓厚的传统农村社区，要注重充分运用传统的社会资本，充分发挥家族关系网络的效能，积极引导家族中德高望重的长辈和能人承担社会治理的主导者，杜绝大家族对小家族的“排外”现象，密切党群关系“一家亲”，消除社会隐患。针对文化氛围比较浓厚的农村社区，要注重发挥乡土文化在现代文明和乡村社会治理中的积极作用，引导党员和当地文化能人发挥带头作用，破除陈规陋习，构建乡风文明。针对“空心村”现象比较普遍的农村社区，在“党建+”内容上要因时因地，突出适宜发展的农业产业，真正提高当地农民的收入水平。而对于村居合一型的城乡结合部，则可在保留村级管理体制的基础上，升格村级党组织为联合党支部，分设农村、社区和企业等各类党支部，实行分类管理等。通过精细分析、准确定位，推进“一村一策”，塑造形成“精而实”的“党建 +”。

三、注重民意，嵌入基层协商民主实践

协商民主的真谛在于确保民众平等参与社会公共事物。在传统农村，所谓协商，往往停留在村委召开小组长会议，小组长召集召开小组群众会。这种固定模式的会议讨论已经不能适应时代发展的需要，特别是在小组群众会上，很多情况下，会议讨论往往变成了争吵，草草收场，收不到协商的预期效果。进入新时代，在治理方式上进行创新很有必要。在农村社区，在党建工作中有效嵌入协商民主实践，把“党建 + 民主协商”作为村级治理的重要抓手和发展趋势，既可以畅通村民的利益表达渠道，引导村民理性参与村级事物管理，又能弥补传统治理方式的局限，创新乡村治理机制。对于日常工作，可以通过设立“村民说事日”“说事热线”“意见箱”等形式建立与群众的沟通渠道。对于群众共同关心的问题，要创新议事活动平台，通过“屋场会”等形式，村支部成员与群众面对面交流谈心，聊家常，谋发展，以求取得共识。对于矛盾集中的问题，则可本着公平公正，依法依规的原则，通过个别谈心，协商解决，做到“小事不出组，大事不出村”，将矛盾解决在萌芽状态。同时，本着了解民意、倾听民声的目标，支部党员要善于发现问题，及时梳理问题、分类处理，提高解决问题的素质和本领。

四、依法依规，把法治作为创新社会治理的保障

坚持依法治理是推进社会治理创新的必然选择。目前，仍有一些基层干部法治意识比较淡薄，在处理矛盾纠纷时存在以走群众路线为名行以言代法之实的现象，违背了民主协商的初衷。依法治理首先要增强基层领导干部的法治意识，深化法制宣传，在基层干部中普及法律常识，增强基层干部的法律底线意识。其次要充分发挥村级治安保卫、民事调解小组的职能作用，经常开展法制教育和“法律知识进万家”等活动，弘扬社会主义法治精神，树立社会主义法治理念，提高群众的法律素养，

促进人人学法遵法守法用法，维护法律权威和社会公平正义。再次，可引入“法律顾问”制度。建议有条件的村、社区或镇、街道聘请法律顾问，引导群众遇到问题先了解相关法律，一切依法行事，树立法律意识。实践证明，把社会治理纳入法制化轨道，强化法律在维护群众权益，化解社会矛盾中的权威地位，推动形成行止有法、办事依法、遇事靠法的良好社会氛围，对于维护社会和谐稳定，实现国家长治久安具有重要意义。

第八章　城市社区党的建设科学化问题

第一节　新时代加强城市社区党建工作的重要意义

一、基层党组织在社区治理中处于核心地位

中国共产党是中国特色社会主义的领导核心，东西南北中、党政军民学，党是领导一切的。中国共产党的领导是中国特色社会主义的最本质特征，也是中国特色社会主义制度的最显著优势，党在国家治理体系中是最高政治领导力量。中国特色社会主义的政治制度和本质特征从根本上决定了，基层党组织是城市社区治理活动的领导核心，是完善和提高基层社会治理体系和治理能力的主体力量。《中共中央、国务院关于加强和完善城乡社区治理的意见》（以下简称《意见》）指出，要充分发挥基层党组织的领导核心作用。要把加强基层党的建设作为贯穿社会治理和基层建设的主线，积极探索加强基层党的建设的路径。这就充分表明，基层党组织是基层社会治理的领导核心，社区党建对社区治理起引领作用。基层党建，特别是社区党建的实质就是要巩固党在人民群众中的执政地位，夯实党的执政根基，使党的领导得到人民群众的拥护和认同。

二、基层党组织在城市社区治理中的功能与作用

在城市社区治理体系中，社区党组织是元治理，它处于核心地位，由此决定了它在社区治理中的功能与作用，这就是政治上的领导功能、利益上的协调功能、社会生活的整合功能、文化思想的导向功能以及服

务群众的保障功能。

（一）政治领导功能。政党的根本属性是政治性，即坚持政治方向、政治立场、政治原则、政治路线，在社区治理中，党的领导主要是政治领导。正如《意见》所强调的，党的领导，就是带领群众坚定不移贯彻党的理论和路线方针政策，使社区治理始终保持正确的政治方向。在社区治理中，政治领导功能主要体现在社区党组织能够在重大事项中发挥的决策作用以及在发生重大突发事件时的指挥作用。更为重要的是，社区党组织作为人民群众根本利益的代表，能够始终站在全局立场上，切实把贯彻党的路线、方针、政策与呵护社区居民的民主权利和共同利益有机结合起来，从而实现对社区重大问题的决策指导和把关职能，保证社区治理在整体效益最大化下平稳发展。此外，它还表现在对社区自治组织的自治活动进行正确的引导和管理监督，以保障其正确的政治方向。

（二）利益协调功能。社会转型期的利益调整、利益分化、利益冲突、利益矛盾问题十分突出。城市社区作为多种要素、多种关系、多元社会主体及多种异质群体的聚集地，利益的失衡与冲突更加凸显，并且沉淀了一定的社会矛盾与社会问题，成为各类矛盾反应敏感的汇聚地，对维护基层社会和谐稳定，利益协调与矛盾解决至关重要。社区党组织因拥有深厚的政治资源和组织资源，在解决社区成员利益冲突与化解矛盾中可以发挥重要的、不可替代的作用，它能够充分利用政治的、经济的、文化的、社会的多样化手段，使不同组织与个人的利益诉求得到合理有效表达，利益矛盾得以妥善解决与合理协调。另外，社区党组织还能够充分发挥总揽全局、协调各方的政治优势，依法协调好各种社会组织之间的矛盾，使它们规范有序、健康发展。

（三）社会整合功能。社会结构的分化与市场经济的发展，一定程度上造成了社会的“碎片化”和个人“原子化”现象，同时，“单位人”向“社会人”的转变，加剧了社会整合的难度。作为社区多元主体中占主导性地位、具有有效政治力量支撑的社区党组织，它具有社会整合的功能。社区党组织能够依靠它在社会领域取得的得天独厚的号召力、凝聚力和组织资源（密集的组织网络），从而形成各种分散的社会主体之间彼此沟通与相互联结的枢纽。近年来，随着社区党组织对社区自治组织、社会经济组织等各类组织的有效嵌入，使社区各类治理主体具有了共同的"神经中枢"，有了更多的横向联结，也有了更多的利益交汇和共同的价值诉求，促使他们紧紧团结在一起，实现公共利益最大化，这就为社区整合提供了深厚的基础和条件。

（四）文化导向功能。社区是实施一定的社会活动，具有某种互动关系和共同文化维系力的特定人类群体及其活动区域。社区的构成要素主要有地域环境、社区人口和社区文化。社区治理包含着社区文化的建设。《意见》指出，强化社区文化引领能力，必须增强居民群众的社区认同感、归属感、责任感和荣誉感。这就明确了社区党组织在社区治理中的文化导向功能，赋予社区党组织以先进文化引领、组织、传播和培育居民的责任，社区党组织通过文化引领及时察知网络舆情，提高舆论把控能力，营造良好的社区氛围，建设社区居民健康向上的精神家园，从而强化社区居民共同体意识。

（五）服务保障功能。服务群众是基层党组织建设的重要内容，治理的本质就是服务。正如《意见》所说："坚持以人为本，服务居民，提高社区服务供给能力。"这就为基层党组织改进社区公共服务方式，拓展社区公共服务领域，提高社区服务保障能力，建设服务型党组织指明了方向。从现代治理视角来看，政党是国家与社会之间的纽带，它的功能实现是通过党组织的"联动"带动多元治理主体之间的协调与互动。政党通过发展和完善党的组织网络和群众组织网络，从而将治理与服务的触角延伸到社会末梢，实现国家与基层群众的有效连接和无缝对接，调动各种资源，发挥各类治理主体的功能优势，形成资源整合与相互合作，积极回应社区居民的各种利益关切，不断满足人民群众对美好生活的向往。在社区治理中，社区党组织承担着众多方面的民生服务功能。

由此可见，社区党组织是城市社区治理的领导核心，它在社区治理中具有政治领导功能、利益协调功能、社会整合功能、文化导向功能和服务保障功能。这就意味着，基层党的建设不仅承担着社区治理的领导角色和核心角色，而且承担着正确引领和科学推动社区治理现代化的使命。因此，社区党建创新也是社区治理现代化的重要方式。

第二节　新时代城市社区党建工作面临的问题及原因

一、社区党的建设功能定位不够明晰

（一）社区党组织功能定位不明晰。有的社区党组织不知怎样发挥作用，导致街道办事处服务社区党员群众存在“最后一公里”的问题得不到有效解决，正是由于社区党组织功能定位不明晰造成的。同时，政党功能具有特定的时代特征，在不同的历史条件下有不同的目标和任务，表现出不一样的功能。在革命时期更多的是夺取公权力的对抗功能，而在建设、改革时期更多的是凝聚各方力量的整合服务功能。社区党组织也是如此。在革命时期更多的是为党夺取权力提供坚强的基层组织保障，表现出对抗的功能，而在建设和改革时期，更多的是与社会进行良好的沟通，整合社会资源，为党领导经济建设贡献力量。从目前沅江市党建实践来看，社区党组织在社区经济发展、服务社区群众、融合社区共同利益等方面没有发挥好自己应有的作用，这与社区党组织功能定位没有与时俱进是分不开的。

（二）社区党组织功能转换不及时。政党“在坚持宣传和执行党的

路线方针政策、落实管理党员等传统的具体任务的同时，基层党组织面临着功能转换的任务”。2004 年在《中共中央组织部关于进一步加强和改进街道社区党的建设工作的意见》明确指出：“坚持把服务群众作为街道、社区党建工作的重要任务，把群众满意不满意作为检验街道、社区党建工作的重要标准，把工作重点从注重创收进一步转移到搞好社区管理和服务上来。”党的十七届四中全会提出：“把服务群众、凝聚人心、优化管理、维护稳定，贯穿街道社区党组织活动始终，发挥党组织在建设文明和谐社区中的领导核心作用。”这种功能转换要紧紧围绕社区建设、服务社会这个大局和中心，或领导功能转型，或社会角色转型，或利益协调转型，或工作方式转型。从沅江市社区党的建设实践来看，社区党组织功能转换没有及时实现“由领导核心转向政治核心与社会核心并举，纵向领导到纵向领导与横向服务互动，利益表达转变为利益表达与利益整合并重，权威和指令的方式向制度治理和民主协商转变”。因此导致社区党组织从理念、领导方式等方面没有做好市场经济条件下的积极应对，经常履行街道办事处的职能，存在“错位”的现象。

（三）社区党组织功能自身“造血”不足。社区党组织在发挥功能作用,即“输血”的同时,更要注重“造血”,为发挥更大的作用提供“活水源头”。社区党组织的功能从“要根据自己的特点,加强自身建设”到“社区党组织要以服务群众为重点，构建党建工作新格局”，再到坚持抓基层、打基层，突出抓好农村、街道社区、中央企业、高等院校、新经济组织和新社会组特征，在不同的历史条件下有不同的目标和任务，表现出不一样的功能。在革命时期更多的是夺取公权力的对抗功能，而在建设、改革时期更多的是凝聚各方力量的整合服务功能。社区党组织也是如此。在革命时期更多的是为党夺取权力提供坚强的基层组织保障，表现出对抗的功能，而在建设和改革时期，更多的是与社会进行良好的沟通，整合社会资源，为党领导经济建设贡献力量。从现阶段党建实践来看，社区党组织在社区经济发展、服务社区群众、融合社区共同利益等方面没有发挥好自己应有的作用，这与社区党组织功能定位没有与时俱进是分不开的。

二、社区党的建设运行机制不够健全

（一）从机制的传导来看，街道党（工）委职能“错位”、街道办事处职责“缺位”、居委会职责“越位”等问题突出。社区居委会自治功能不断弱化，越来越多地承担了区（市、县）和街道办事处的行政工作。区（市、县）把许多工作任务下沉街道办事处，街道办事处作为区一级的派出机构，在实际工作运行中则变成了一级政府，把主要精力和心思放在抓经济、促税收上，帮助区一级政府完成经济指标。街道办事处再把工作任务转移给居委会，街道办事处成了“二传手”，居委会成了“准政府”。

（二）从运行的流程来看，社区党的建设运行机制要有“启动机制”（共同参与机制、利益动力机制、行为激励机制）、“过程机制”（监督机制、协调平衡机制、保障补给机制）、“结果机制”（结果评估机制、责任奖惩机制、制度保障机制），环环相扣，缺一不可。但从发展的实际情况来看，一些地方社区党的建设运行机制没有形成有机运行的链条，要么缺失“启动机制”，要么缺失“过程机制”，运行机制不健全的情况仍然存在。

（三）从运行的环节来看，社区党的建设运行机制的每一环节都是由诸多的机制构成的。以“过程机制”环节为例，有监督、保障机制，甚至有激励、考评机制等。只要能推进工作的完成，所有的机制都可以运用。但许多地方社区党的建设运行机制在运行环节上的机制显得比较单一，不能最大程度地发挥效能。比如，在工作启动时，如果仅仅是进行了氛围宣传、强调参与，而没有利益动力、行为激励等机制保证，那么共驻共建的效果不会好；如果仅仅是强调利益动力，而没有共同参与、行为激励等机制作为支撑，那么支持、参与的意识就不会强。比如武汉市江汉区在社区党建工作中，由于存在运行环节的问题，使党建工作责任逐步淡化、虚化和弱化，并由此建立健全纵向到底、横向到边的责任架构和管理格局。

三、社区党组织自身建设不够完善

（一）组织保障不完善。党的十八届三中全会指出："创新基层党建工作，健全党的基层组织体系。"加强党的基层组织保障成为深化改革的一个重要因子。当前，社区党的组织保障不完善主要表现有以下几方面：

1.党务工作者队伍素质滞后于社区发展需求。社区党务工作者主要包括社区党组织书记、副书记、委员，党小组长。同时还包括负责社区党建研究、负责协调有关工作的人员，以及其他从事社区党建工作的同志。党务工作者既包括班子，也包括了党组织书记队伍，同时也包括了从事其他工作的工作人员。社区党务工作者在社区基层的政治、经济、文化和社会建设的各个方面处于十分重要的地位，发挥着非常关键的作用。从班子建设来看，一些地方社区党组织领导班子不够优化，领导班子整体合力不够强，发挥领导班子的整体功能不够好，班子成员之间不相互理解，不相互支持。一些地方社区党组织未能建立健全领导班子建设的长效机制，贯彻民主集中制原则不够好。特别是在重大问题集体讨论时，党组织书记一人说了算的情况和现象仍然多。从党组织书记队伍建设来看，社区党组织书记在组织协调能力，密切联系群众以及理论政策水平方面都存在薄弱环节，特别是在选好配好党组织书记的视野上还有局限，很难打破地域、行业和身份的限制。同时，对社区党组织书记的考核监督、服务保障、激励任用等机制不够健全，影响了社区党组织书记甘心扎根基层，服务群众，干事创业的决心和毅力。从其他社区党务工作队伍建设来看，一方面，由于长期从事社区基层党建工作，轮岗的机会较少，对工作经验的依赖性较大，工作习惯性思维突出，思想保守，观念陈旧，缺乏创新；另一方面，社区发展在我国较晚，社区党务工作者对社区的由来、功能和内涵了解较少，必然与社区发展的积极需求产生矛盾。

2. 党员的发展、教育和管理比较滞后。社区党员队伍的建设是社区党的建设的基础性工程。党员的发展、教育和管理至关重要，是关系党的方针、路线和政策能否在城市基层得以落实的关键。从当前社区党员发展情况来看，一是社区党员队伍建设出现了新情况新挑战，社区党员队伍成员的来源更加宽泛，结构更加复杂，流动更加无序，素质差异更加明显，都会给社区党员队伍建设带来困难；二是党员队伍发展的“入口关”这个度难以掌控，给党员的发展带来了难度。一方面，只讲改善结构，不注重质量，就会给一些投机分子混入党内创造机会，严重损害了党员队伍的质量；另一方面，只注重质量，不改善发展结构，就会把许多优秀的先进分子拒之党的门外，影响了党员队伍的发展壮大，也挫伤了广大积极分子的积极性。三是党员队伍的“出口关”非常不畅。比如，在原则、渠道和方法上过于简单、僵化的问题十分突出。从社区党员队伍教育管理的现状来看，主要有离退休的党员，下岗失业、待业的党员，外出和自主职业的党员，在社区内企业和机关或其他单位正常工作的在职党员四类能够保证教育管理的顺利进行。有学者做过统计，在社区生活的党员大多数是不会显示其身份的，处于“隐身”和“地下”状态。如何把处于“隐身”状态党员的作用充分发挥出来，巩固党执政的组织基础和社会基础，这是一件亟需研究解决的问题。

3. “志愿者”队伍建设薄弱。从理论逻辑上来看，在社区党员队伍之外，应当有一支充满活力的“志愿者”队伍活跃在社区建设的各个角落，为社区党组织扶植培养骨干力量，解决社区党务干部的人才匮乏问题。但在实际运行中，一些地方社区党组织在培养“志愿者”队伍方面十分薄弱。比如没有专业的社工队伍和专业的义工队伍。

（二）物质保障不完善。加强街道社区党的建设是城市社会管理的关键，“注重解决基层组织经费保障和活动场所等问题”则是重中之重。党的十八大强调建立稳定的经费保障制度，再一次从制度上加强党的基层组织建设的物质保障。

1. 物质保障机制不完善。从经费收入机制来看，全国各地街道社区基层党组织活动经费普遍由所在的区（市、县）和街道办事处共同承担，具体比例则根据各地实际财政情况而定。随着社会的发展，活动经费无增长机制，又无其他收入来源，很难确保街道社区基层党组织活动的正常运转。从经费管理机制来看，目前我国街道社区基层党组织实行“居财街管”制度，将街道社区基层党组织的活动经费纳入街道办事处财政预算，并通过转移支付的方式，由区（市、县）两级财政统筹解决。这种由上级管理财政的制度，动机和目的是为了防止街道社区基层党组织贪污浪费，但街道社区基层党组织毫无经费自主权，加之街道办事处等上级行政组织时常拖拉、扣留，甚至挪用，给街道社区基层党组织建设造成很大的影响。从经费发放使用机制来看，街道社区基层党组织活动经费普遍缺失规范的经费管理、使用和监督制度，容易造成街道社区基层党组织活动经费的流失，无法做到专款专用。

2. 社区活动设施的基础建设水平低。“社区活动设施，包括活动用房、宣传阵地和活动设备三个方面。”在活动用房方面，比如有一些地方社区党组织无党员活动室、老年活动中心、党报党刊阅览室等活动室，给社区党组织丰富业余文化生活带来了影响；在宣传阵地方面，比如有一些地方党组织无社区宣传栏、宣传板报等宣传阵地，给社区党组织在城市基层传播党的路线、方针、政策造成了影响。在活动设备方面，一些地方社区党组织连电视机、录放机、VCD、DVD 等活动设备都没有，制约了党的工作覆盖面和影响力。

（三）民主建设不完善。党内民主是党的生命，而党内基层民主则是党内民主的基础，是推进党内民主建设的落脚点和切入点。从各地社区党内基层民主实际情况来看，主要存在以下问题：一些地方基层党员主动参与民主建设的积极性不高，认为党内民主与自己关系不大，做好自己的事就行，不愿参与、不想参与；一些地方基层党员对民主权利的认识比较模糊，权利意识淡薄，对一些法律赋予的民主权利的基本内容和用途了解得少，甚至不了解；一些地方的基层党组织在民主建设运行中不规范，透明度不高，过分强调组织意图，忽视普通党员意愿，造成多数党员对一些涉及组织人事变动的层次较高的信息不了解；一些地方基层党内民主氛围不浓，部分党员干部思想顾忌重重，不敢说真话说实话，担忧被孤立被打击报复；一些基层党组织的党内决策权利主要集中在基层党组织的领导班子和主要领导手中，不征求广大基层党员和群众的意见，基层党内民主流于形式，等等。

第三节　新时代提高城市社区党建工作的基本思路

一、加大宣传引导，营造浓厚氛围

第一，以“线下”宣传让大党建理念走近社区居民。按照“广泛发动、全民参与”的宣传思路，在街道办事处、社区居委会和社区的显著位置，悬挂横幅、张贴标语，利用辖区各单位 LED 显示屏，大力宣传大党建思维的相关知识，大力宣传大党建思维的概念、内涵、应用意义，营造浓厚的大党建思维与实践应用的宣传氛围。

第二，以“线上”宣传让大党建理念走进社区居民内心。利用微信公众号、微信群等新媒体平台，采取图文并茂的形式，让社区居民把大党建理念入脑入心，形成强大舆论合力，这样做有利于将大党建思维内化于心、外化于行，在社区内形成全民共同参与的浓厚氛围。

第三，要充分运用传统与现代媒体。采取形式多样、丰富多彩的方式，形成电视上有图像、广播上有声音、报纸上有专栏、网络上有阵地的立体宣传之势，特别要发挥网络渠道优势，传统的基层党建工作往往受限于时空，而互联网有效扩展了基层党建工作范围，打破了时空限制。显然，现代通信技术的发展为信息传递和社会事务的远程处理提供了更好的渠道。同时，还要通过多渠道、多层次、全方位地开展形式多样的宣传活动，不断提高社区居民对社区大党建理念及实践应用的知晓率、支持率和参与率。

二、加强学习培训，转变思想观念

第一，要把党建专家“请进来”。通过专题讲座、座谈会、网络交流会等形式，让社区党员对大党建理念的概念、内涵、意义、未来发展等问题形成明确的认识，借以消除以往对大党建理念的错误认识，以新的思想理念对社区党建未来之路进行重新设计，同时要形成定期与党建专家进行沟通研讨的制度机制，为社区党建发展提供源源不断的思想支撑。比如，可构建党建论坛、党建思想风暴等讨论平台，通过这些形式不断提升社区党员干部的思想认识水平，为构建社区党建后备人才库奠定坚实的人才基础。

第二，要依靠自身力量对社区党员进行培训。依靠党建知识储备丰富的老党员队伍，定期开展党员“大党建理念”培训，以老党员教新党员的形式，走传帮带之路，引导新党员在社区党建工作中运用大党建思维理念，在社区党建工作实践中形成大党建格局。同时，当前城市社区的党员教育培训还存在不成体系、尚未常态化的问题，为此，我们不能只停留在片段化的培训层次上，这样是不可能对党员的党性修养及知识储备有持续提高的。各个城市的市区两级党组织应该进行长远思考，比如，社区党员培训机制的建立问题、培训经费的拨付问题、培训效果的评价问题等，形成常态化的党员培训机制。

三、注重示范带动，搞好典型引路

第一，要学习先进社区党建典型。就全国范围来看，一些城市在推进基层党建过程中形成了自己的特色、打造了自己的品牌，引起了强烈的反响，比如上海、宁波、遵义等城市就是这方面的典型。这一结果终归离不开他们的扎实工作，也是这些城市努力推进城市基层党建的实践智慧结晶。从本质上讲，是创新的必然结果。比如，遵义市的“服务型党组织”和上海黄浦区的组团式服务群众体系，都是经过一番艰苦的实践摸索才产生的，是集体智慧的产物，这些新生事物一经亮相，就吸引了全国其他城市的眼球。这些城市引入大党建理念实现了城市基层党建工作的新发展，并为全国其他城市基层党建树立了标杆。他们在城市基层大党建实践中的主要做法包括：一是推出品牌，打造社区党建工作“亮点”；二是整合资源，以组织、人力和物资资源的统合构建社区大党建格局。

第二，要创建社区党建示范点。示范点的核心在于示范，不能发挥示范带动作用，就失去了示范点的存在价值。推动示范点的作用发挥，最要紧的是把示范点的好经验、好做法进行及时宣传推广，形成由点到面的辐射效应。一旦社区示范点建造完成，社区的领导机构就要以示范点为依托，在示范引领过程中不断激发示范活力，把示范实践形成的鲜活经验做法用于指导社区党建，进一步推动社区党建在实践过程中继续创造生成新的经验和做法，然后再作用于社区党建实践。

四、以夯实基层基础为动力，推进工作方式创新

第一，更新运行机制。创新工作方式的关键在于，必须要适时更新社区党建的运行机制。一方面，社区要引入结对共建的模式，在推进组织联建、党员联管和工作联动上精准发力，引导政府、社会组织和居民积极参与社区党建，通过他们的优势发挥促进社区党建合力的形成，以此实现资源共享和优势互补。这就要求社区党组织要注重发展社会组织，使其成为社区治理的重要力量，通过这些社会组织的优势互补与功能联动，最大程度地满足社区居民的现实需求。另外，社区党组织要以党组织为纽带，将辖区内的小微企业、个体工商户等分散的资源整合起来，根据社区居民需要提供全面服务，其关键在于把党的组织嵌入这些单位和社会组织当中，更好地为社区居民服务。

第二，构建新型载体。当前社区党建工作的创新方向主要集中在载体和内容上。立足本社区的特点，打造党建品牌和新载体，是推动党建方式走向变革之路的核心路径。就时下来看，党建工作者时常提及的“智慧党建”方式已成为未来党建创新的大方向。“智慧党建”是现代社会党建工作的一种新理念，它是运用互联网、大数据等新一代信息技术，让党建工作打破传统条件的限制，实现对党务、学习、活动、监督、宣传、民生工作的全面整合。依托大数据技术能够推动党员管理走向精细化，可以对党员展开高效的组织动员，推动居民服务走向便捷化、常态化，有利于社区党组织的形象塑造与提升，推进党的社会活动空间向纵深发展，实行党建工作一体化、智能化。激励各个城市社区在纵深推进城市社区“智慧党建”的基础上，创造出新的社区党建理念，为早日实现城市社区党建现代化竭尽股肱之力。

第三，运用现代信息技术。网络信息技术以其势不可挡的历史潮流与整个人类社会交融在一起，对人类社会的生产生活产生了不可估量的影响。这一技术的横空出世，促进了网络信息处理平台的生成。尤其是大数据、云计算、AI 等高新技术的出现，为开展城市社区党建提供了技术支撑。人工智能是一种不断发展的手段，可以回答有关大数据的基本问题。为此，必须提高站位，以新的技术视域，全力破除固有的时空观，扫除时空壁垒，把微博、微信、QQ 等网络应用平台的功能发挥到极致，对党的政策进行重点宣传，不断在实践中对社区党建的工作方式进行创新。

五、以深化融合联动为导向，推进工作机制创新

第一，创新融入融合载体。要把社区党建联合会、分会和党建联系人制度打造好，强化社区党组织的居民服务能力。推进党员服务中心、流动党员服务站和党员之家构建，在其服务职能的强化上扎实用力，把服务社区居民的业务水准提到新高度。要深化社区服务中心建设，把党员服务居民的能力进行深度强化，使这一中心更好发挥服务社区居民的强大功能。要锻造促进社区党建的四大载体。一是志愿性载体，这一载体的特色在于一支强大的社区党员志愿者队伍的打造；二是共谋性载体，这一载体的特色在于辖区党组织和社区党组织合作共谋社区党建发展大计；三是共管性载体，这一载体的特色在于社区党组织和社区内的单位党组织共同负责在职党员的管理；四是共建性载体，这一载体的特色在于辖区党组织和社区党组织共同推进社区经济、文化等维度的建设。

第二，完善共建共享机制。一方面，要推进社区党建共建体的打造，建立资源整合机制，形成多主体参与机制，并把这两个机制有机整合在一起，以社区党建共建平台打造为牵引，不断把党建工作载体进行强化，这一做法对克服联谊式、人情式的党建陋习有显著效果，对于党建资源共享和优势互补有着催化作用。比如，社区党组织可以定期向企业的党组织下派党建指导员，通过党建指导员促进企业党建人才培养，对企业的党组织生活予以规范；发挥社区发展基金的作用，社区党组织要善用党建专项经费，对于那些党建经费短缺的单位党组织，要及时进行党建费用划拨。另一方面，要依托党建联盟对社区内的资源进行整合，打造资源供应链，使资源和需求形成无缝对接。比如，可考虑在党建联盟综合体内，依托“两代表、一委员”工作室让各类社区工作者进行轮流值班，接待居民来访，对他们提出的问题进行登记。而后由社区党组织对问题进行汇总，形成问题清单，交由各联盟成员进行办理，问题办结后再向社区居民进行反馈。

下 篇

先进典型

基层领路人

心系村民谋发展——刘自武

2017年4月，在沅江城区做灯饰生意的普通党员刘自武回到家乡——四季红镇阳雀洪村参加村支两委选举，在毫无准备的情况下，被村民们推选当上了村委委员，后来又当上了村支书。一边是步入正轨，年入三十多万元的经商之路，一边是带领乡亲们致富奔小康的辛劳之路。何去何从？刘自武义无反顾当起了四季红镇阳雀洪村的村支书。重任并非天之所赐，而是实力使然。短短两年多时间，在刘自武的带领下，阳雀洪村发生了翻天覆地的变化。

上任伊始，摆在刘自武面前的问题是：村党支部各自为政，缺乏战斗力，被评为软弱涣散党支部。同时，阳雀洪村还是湖南省省级贫困村。要改变这种现状，刘自武认为，最关键的是党员要积极行动，争做表率。为了改变大家的思想观念，凝聚大家的战斗力，使大家能够做到心往一处想，劲往一处使，他组织村里的党员干部和群众代表到党建和人居环境建设先进的地方参观学习，反躬内省。原来村里组织的集体活动，没有酬劳就没有人参加，现在，党员干部自觉地参加活动，村民们也慢慢地行动起来了，村里的人居环境有了很大的改变。

为摘掉贫困的帽子，刚上任时，刘自武带着新一届村支两委班子挨家挨户上门，对全村进行了两次地毯式的走访，全村336户人家，每一户都走访到位。刘自武随身带着两本笔记本，里面记录着每一户村民的基本情况及问题，做到了全面了解村里的情况。2017 年下半年，国务院下派工作组对四季红镇阳雀洪村扶贫工作进行抽查，遇上一个拦路告状的群众，刘自武掏出自己的笔记本，就这个告状群众的情况做了一五一十的汇报，指出这个群众并不符合享受低保的资格，工作组对他的汇报给予了充分肯定。上任第一年，刘自武发现，村集体经济的不振兴主要在于村民的工作积极性不高。于是，他在第一年就将全村的 1507 亩水稻田流转，在全村范围内发展稻虾养殖，虾苗供应产业让有劳动能力的村民凭借劳动脱贫致富。

刘自武还看到，虽然四季红镇腐乳产量比较大，却没有本土的包装印刷厂。腐乳要包装，最近的包装货源也远在南县。2019 年，他积极整合本土资源，利用村里一年一度的乡村振兴群英会招揽本村在外发展的人，开办了现在的阳雀洪印刷有限公司。公司开办不到一年，村里的集体经济收益达到 6 万元。现在村里有了一家食品厂、一家印刷厂、一家服装厂和一家冷库厂。2019 年，这四个厂为村里赚取了 20 多万元的村集体经济收入，也解决了一部分村民的就业问题，为村里的集体经济发展开了一个好头。由于刘自武工作出色，2018 年底，阳雀洪村全面脱贫，2020 年，被评为全省脱贫攻坚先进集体。

打铁还需自身硬——郭智华

郭智华，胭脂湖街道办事处胭脂湖村党总支部书记。自 2014 年担任党总支部书记以来，积极带领全村群众发展经济，改变家乡的面貌。回顾几年来的工作经历，郭智华最大的感受就是要当好一名村干部，就必须不断提升自身素质，提高自身能力。

2014年，胭脂湖村村支两委进行换届选举，普通党员郭智华当选村委会委员，后在村支部委员的选举中当选为胭脂湖村党总支书记，开始了自己矢志为民的基层干部生活。

明白责任重大的郭智华深深明白，干什么工作空光有一腔热情是不够的，还得讲方法、懂知识、有文化。胭脂湖村有农户700多户，村民2700多人，耕地面积9000多亩。上任第一年，郭智华走村串户，挨家挨户上门，熟悉村民的情况。最多的是一家走了四遍，最少的是一家走了两遍，用一年的时间把全体村民的情况都摸了个一清二楚，受到村民的一致好评。

引资入村,加速发展是郭智华上任以来的目标之一。自2014年以来，他多方施策，为胭脂湖村引进投资上千万元，投入道路建设600多万元，硬化道路基本做到了到组到户。村里成为胭脂湖街道每一户用上自来水的村，电力设施也全部进行了改造，增加了电力容量，老化的线路全部被更新。2019年，投资100多万元，全村安装路灯400盏；投资350万元全线提质改造进村南株公路，修通环湖公路；投入60万元建成一个高标准的文化广场和多功能球场。郭智华带领村民开展精准脱贫工作，短短几年时间，全村原有61户贫困户全部脱贫。

胭脂湖村年年被评为先进基层党组织，在街道综合测评中，年年排名第一。总结自己的工作，郭智华认为，尽管成绩显赫，但需要努力的地方还有很多。按照他自己的话来说，一是要发展农村的特色，特别是美丽乡村建设、人居环境建设。二是要充分利用好旅游资源。胭脂湖风景区是沅江市甚至益阳市的一块老字号旅游品牌，但后来忽然就冷清下来。近年来，该村结合自身优势资源，举办了各种大型活动，提升了当地的旅游知名度。三是要发展现代高效农业。以芦菇栽培为切入点，充分利用沅江市芦苇资源，以芦苇渣为培育基质，驯化野生芦菌，发展壮大村集体经济。

九层之台起于累土，千里之行始于足下。郭智华提出了自己的理想：希望胭脂湖村能够在自己的带领下，成为洞庭湖区产业兴旺、生态宜居、乡风文明、治理有效、生活富裕的社会主义新农村。

用青春领航乡村振兴路——钟园

钟园出生于1990年，是一名标准的90后。做为沅江市第一名90后村支书，钟园目前主持共华镇双阜村的全面工作。在短短两年不到的时间内，她带领村支两委，使村党组织受到当地党员干部群众的一致好评。

2017年，为了方便照顾孩子，同时帮助村里搞好扶贫资料输入数据库，钟园当上了一名便民服务员。正好这一年她参加了市委组织部组织的农民大学生深造，所学的专业也与她当下从事的农村工作相适应。因为工作认真负责，服务周到，两个月后，村支两委换届选举，她被当地村民选举为村支两委班子成员，负责党建、扶贫等工作。当了村干部，那就干好村干部的事。她在很短的时间内就掌握了全村的基本情况，对扶贫情况了如指掌。这一年，她负责的扶贫工作顺利通过省检，并获得连点单位省检察院的高度评价。她负责的党建工作在全镇树立了标杆，获全市先进。

2018年村里干部闹矛盾，相互诋毁拆台，村民经常上访，村委工作一团糟，谁也不服谁。村支部成为软弱涣散组织，村支两委班子成员没人安心做事。艰难时刻，钟园主动站出来，跟群众讲道理做解释，帮干部理情绪释恩怨，与镇上对接各项工作，帮助群众解决实际困难。贫困户秦楚才本是家里的顶梁柱，一次意外事故让他失去了劳动能力，一个原本幸福的家庭陷入困境，成为建档立卡的贫困户。钟园了解到他的情况后，鼓励他振作起来，帮他选定门槛低、投入少、见效快的稻蛙套养项目，又带着他去看基地、学经验，帮助他组织资金建基地、选蛙苗、抓管理。一年时间，秦楚才就打了个翻身仗，当年纯收入达 9 万多元，摘掉了贫困户的帽子。双阜村也在同年退出贫困序列，并顺利摘除软弱涣散村支部的帽子，党建、扶贫等五项工作获全镇先进，最难的民调工作获得满分，双阜村迎来了团结干事的良好局面。

钟园认为，要当好一名村干部，最重要的是让村里的环境美，村民的生活富，村集体经济好。当她听说邻村的龙文要扩大家禽养殖规模，正在到处找地建厂房时，便立即找到他，带着他在村里选地方，到市里办手续，在极短的时间内就帮助他解决了许多问题，目前投资 600 多万元的养殖基地已落户双阜村。

钟园还大力推进村镇基础建设。目前，投资 600 多万元的高标准农田建设项目已进入施工阶段；已安装 60 盏亮化路灯，50 个高清摄像头。村里的变化，让老上访户秦新保停下了上访的脚步，安心从事农业生产，对双阜村的变化赞不绝口。

两年时间，钟园走访了全村每一户，她用脚步拉近与群众的距离，让双阜村的群众认识她、了解她、信任她，与她交心、交友。2019 年 6 月，通过村里党员群众推荐、镇党委考察，钟园担任双阜村党支部副书记，全面主持工作。

钟园不但是村干部，也是两个孩子的妈妈，大的孩子正上幼儿园，小的孩子还需要人抱。当工作和生活不能兼顾时，钟园也一度想放弃这份工作。但组织的信任、群众的呼唤，还有自己心中那份奋斗的激情和放不下的担当，在组织出面协调和家人的支持下，她选择继续当好村干部，为村里的老百姓做好服务。

共华镇人大主席冯晓曦这样评价钟园：“钟支书时刻以党员的标准

严格要求自己，带领全体党员和全村群众，心往一处想，劲往一处使，村里也越来越富裕，幸福指数也越来越高。”

环保卫士——林润科

林润科，现任琼湖街道莲花村村主任。他曾经是一名地地道道的渔民，以捕捞为业，承包着洞庭湖上千亩的湿地树林。但通过不断的学习之后，林润科的思想彻底转变，成为一名标准的环保卫士，和自己的父老乡亲一起，捍卫着湿地生态，守护着自己的家园。

莲花坳是洞庭湖上的一个小岛，春暖花开时节，这里绿树环绕，鲜花盛放。春闲的渔船停泊在河湾里，颇有“野渡无人舟自横”的意境。这个时候来到岛上的游客还可以吃到冬天捕捞到的洞庭湖的美味。林润科从小就生活在这个小岛上，认定自己未来的生活也如同自己的父老乡亲一样，在这洞庭湖上出没。

但是，随着认识的不断提高，在打渔多年之后，他意识到这份职业不可能长久。1990 年，他毅然来到沅江市区谋求发展。他充分发挥传统渔民“发现机会就下网”的特长，在这里做起摩托车销售生意。在不到十年的时间里，他就打开了局面。说起当年沅江城里的林氏摩托销售，许多人还为之称道。在做好摩托车销售的同时，他还根据当年的优惠政策，在洞庭湖的荒州上承包了一千多亩土地，种植欧美黑杨，支援地方纸厂的造浆产业。

2014 年，生意做得风生水起的林润科被告知，他可能被大家选举进村支两委，领导村民共同致富。这让林润科左右为难，一边是经营良好的摩托车销售生意，一边是信任他并且迫切希望跟随他走出困境的父老乡亲。在经过一番激烈的思想斗争后，林润科说服家人，收拾行囊，回到了生他养他的岛上，选择带领村民们一起脱贫致富。

古人云：在其位，谋其事，尽其责。当了村干部，林润科就意识到了肩上责任的重大，开始为村民谋福利。莲花坳是一个小岛，面积也不大，岛上没有一条水泥路。林润科当了村主任后，积极争取上级资金，第一年就为村里修建了水泥路，又自己垫资建起了村民服务中心。考虑到每年汛期时小岛的大部分都会被淹掉，他把村民服务中心建在了岛上的最高处，让汛期的村民可以有一片休养生息的地方。

2016年，洞庭湖生态环境治理进入关键期。昔日葱茏的湖州欧美黑杨，作为重点整治的生态问题，被提上了沅江市委市政府的议事日程，也摆在了林润科的面前。在保护生态环境这个大是大非面前，林润科毅然选择了环境保护这个大义，一心一意投入洞庭湖核心区的林木砍伐当中，成为当时有名的环境保护卫士。

2019年伊始，洞庭湖天然水域实施禁捕退捕，祖祖辈辈生活在岛上的村民们可能要告别故园。林润科回到村里，给村民们做思想工作，宣讲保护环境、保护渔业资源是利国利民的大事。林润科知道，不但他自己要拥护，他还需要通过自己的努力让依靠洞庭湖生存的父老乡亲也发自内心的拥护，这是他的职责所在。

扶贫济困——刘志军

刘志军，沅江市琼湖街道办事处书院社区党支部书记居委会主任。刘志军时刻牢记自己是一名共产党员，工作上恪尽职守，生活中心系群众，他积极带领两委班子为居民办实事、办好事，扶贫济困，爱心助残，用真诚与善良、朴实与热情赢得了居民群众的普遍赞誉。

书院社区共有常住居民两万多人，区域内基础设施薄弱，改制企业多，弱势群体多，人口整体老龄化，社区情况相对比较复杂，各方面条件都很落后。2016 年，刘志军带着为政府分忧、为社会解难、为居民服务的目标，来到社区担任党支部书记。他把全心全意为人民服务落实到社区各项工作中，把心系居民群众、善待弱势群体体现在行动中，带领社区党员干部将书院社区从一个个“分散的院落”凝聚成了一个团结温暖的“大家庭”。

辖区内原服装厂、制鞋厂共处一栋大楼，是关停了二十多年的集体企业，现有几十户住户，因无人管理，下水道阻塞、楼下垃圾成堆、污水横流、臭气熏天，生活环境恶劣。居民无奈诉求到社区，刘志军带人实地了解情况，当即表态，群众的事就是大事，社区出面解决。他亲力亲为彻底治理两厂的脏、乱、差后，两个厂和周边住户敲锣打鼓给社区送来了锦旗，感谢为民办实事的好书记。

刘志军在社区任职前，于 2003 年创办了隆峰纸业福利公司，安排二十多名残疾人就业，给他们提供了自强自立的平台，用爱心关怀他们，让他们得到应有的尊重。每次到厂，工人们会像迎接亲人一样围着他，拉着他的手问候他。刘志军把爱残助残事业的满腔热情融入工作生活中，坚持以人为本，点点滴滴替残疾人着想，大事小事为残疾人所思，他也被益阳市残联授予“残疾人爱心大使”。

“今天的事今天办，能办的事马上办，困难的事想法办，额外的事热情办。”这是刘志军常常挂在嘴边的一句话。在来到书院社区的几年时间里，他的手机从来不曾关机，即便是周末或者晚上，只要居民有诉求，他都会耐心倾听。此外，他常常利用休息时间，通过定期或不定期进院入户的形式，向辖区居民宣讲党的政策、解答群众疑难、回应群众诉求、收集群众需求，确保“小事不出小区，大事不出社区”，为辖区居民提供全面、优质的服务。

他作为一名最基层的党员干部，是最贴近老百姓的人，老百姓苦有困难和诉求，他总是义不容辞地帮助他们，他希望书院社区越来越好！正是靠着这股信念，刘志军用实际行动践行着自己的承诺，在社区这个为民服务的窗口，树立起了一个实实在在为民想事、为民做事、为民谋事的共产党员的关辉形象，他带领基层的党员干部一路披荆斩棘，用一颗最赤诚的心，守望着社区群众的幸福生活。

爱岗敬业篇

仁心仁术“医德标兵”——陈毅章

陈毅章，男，汉族，湖南沅江人，1975年8月生，2000年6月毕业于第三军医大学临床医学系，2000年7月任中国人民解放军96322部队军医，2006年12月至沅江市人民医院任泌尿外科副主任。2002年6月加入中国共产党。陈毅章同志政治站位高，自觉服从组织安排，顾大局，工作以来任劳任怨，屡获表彰。2011年4月，被沅江市卫生局评为沅江市医德医风建设标兵；2020年5月，被沅江市委评为沅江市优秀共产党员；自疫情暴发以来，他更是不怕危险，冲锋在前，2020年11月，被评为“湖南省抗击新冠肺炎疫情先进个人”。

他常说：“入党，并不是获取政治荣誉，或是披上华丽的外衣，而是要为党的事业奋斗。是党员，就是党的人。”他是这样说的，也是这样做的。入党20年以来，他始终坚持政治站位高、自觉服从组织安排、顾大局这三个基本点。在工作中，他总是随喊随到，半夜三更接诊病人更是家常便饭，但他从不计较，毫无怨言。他亲力亲为，除了诊治住院病人外，还热情支援兄弟医院及乡镇卫生院危急重症患者的救治，赢得了患者的充分信任和社会的普遍赞誉。2019年3月，因工作需要他被调任医务科担任科长，他坚定信心，迎难而上。上任以来，他开拓创新，真抓实干，几乎每天都在办公室、病房来回奔波，医务科各项工作不断进步，每次检查都受到了主管部门的充分肯定和高度评价。

他秉持仁心仁术的医德精神，真诚关心关爱病人，态度和蔼可亲，性格温厚善良，始终急患者之所急、忧患者之所忧、想患者之所想，常怀“医者父母心”，对待患者不论家庭境况是富是贫、社会地位是高是低，总是待病人如亲人，把患者生命安全放在首位，科学合理制订治疗方案，合理安排功能检查与用药，努力减轻病人的医疗负担。对那些贫困、残疾的住院患者，他带头捐钱捐物，并积极向医院申请减免部分费用。

2020 年春节期间，一场突如其来的新冠肺炎疫情肆虐，疫情就是命令，陈毅章同志临危受命，他不顾个人安危亲临救治一线，全力指导医务人员准确诊断，科学治疗，严格监护。因为心中的那份责任，他勇担使命，从工作的部署，到层层落实；从病区改造到集中收治；从疫情信息的收集到报送，等等。他都是亲力亲为，从不懈怠，把所有的精力和时间都投入这场疫战中。从疫情开始，他几乎都是在科室里度过，虽然没有在一线值班，但他每时每刻都在与一线工作人员并肩作战，每天坚持夜查房，发热门诊、感染病房他都要跑个遍，慰问一线工作人员，因此他常常是凌晨才回家，有时太晚了就在科室里打个盹。他始终牢记自己的初心和使命，每天坚持认真学习新冠肺炎的疫情防控治疗方案和相关知识，虚心听取专家小组的意见，密密麻麻的读书笔记和讨论记录彰显了他的缜密和严谨。他的勇于付出为抗击新冠肺炎疫情做出了突出贡献。

廉洁自律、讲规矩是他为自己定下的标准。从医多年来，陈毅章同志能自觉遵守医疗法律法规和卫生行业“九不准”，坚持廉洁从医，没有任何违规违纪行为，他始终把纪律挺在前面，以军人的优良作风来指导自己的言行，工作态度非常严谨、工作作风一丝不苟。

“知不足而奋进是他的追求，行不止塑品德是他的目标。”在工作中，陈毅章同志总是真诚地恳请各位领导、各位同事给自己提出意见，虚心地接受领导和同事们的批评和帮助，努力学习，勤奋工作，以求进一步完善自己，用优异的工作业绩为医院的发展建设增添力量。他的这种谦虚、谨慎的品质影响着大家，也感动着大家。

任劳任怨“孺子牛”——龙卫红

龙卫红，男，汉族，湖南沅江市人，1970年5月生，1990年8月参加工作，1997年10月加入中国共产党。参加工作以来，龙卫红同志先后在沅江市农业农村局、沅江市政府办工作，曾先后担任经作专干、科教专干、粮油专干、办公室副主任、办公室主任、党组成员工会主席、党组成员副局长、党组成员副主任，曾多次被评为先进个人和荣立三等功。2020年4月，按照组织安排，调到沅江市政府办工作，联系农口系统沅江市农业农村局、水利局、林业局、扶贫办、保护区管理局、畜牧水产事务中心、移民事务中心、市供销社、市砂石办、市气象局等10个部门单位的工作。不管到哪个单位工作，龙卫红同志是公认的“老黄牛”，对待工作他总是“少说多做，任劳任怨”。

龙卫红到沅江市政府办工作以来，任劳任怨，勤奋工作。他能严格遵守机关的各项规章制度和纪律要求，按时上下班，从未迟到、缺席、请假。全年共参加或组织各类会议402个，共加班加点135个小时，共撰写和修改材料40多份。他基本上没有双休日，加班加点、尽心尽力、为沅江“三农”工作发展努力工作。

龙卫红联系农口系统10个部门单位，线多面广，工作繁重，他积极主动为部门单位做好服务，齐抓共管各项重点工作，确保了农口系统各项工作任务高质量完成。一是着力抓好了禁捕退捕各项工作，基本实现“四清四无”目标。龙卫红作为禁捕退捕办的副主任，承担着禁捕退捕工作的日常事务，尽心尽力做好了文件的起草、材料的撰写、会务的组织、工作的调度，被评为沅江市禁捕退捕工作先进个人。沅江市禁捕退捕工作先后被评为省里、益阳市禁捕退捕工作先进单位。二是着力抓好了粮食生产工作，粮食生产实现了“双稳”。沅江市为国家粮食安全做出了重要贡献，沅江市获得“落实粮食安全省长责任制”省级真抓实干督查激励工作奖励。三是着力抓好了“四水农业”和两线两区现代农业示范园区建设工作，14 个现代农业特色产业园提质增效，引进了湖南天心种业在沅江市胭脂湖街道新建 7200 头母猪养殖场、引进了中联农科企业在沅江市草尾镇创建智慧农业示范基地。四是着力抓好了脱贫攻坚工作，“两不愁三保障”全面实现，农村人均可支配收入由 2013 年的 11771 元增长到 2020 年的 21638 元，年均增速 9.08%。五是着力抓好了防汛抗灾工作，2020 年，沅江市先后出现三次洪峰，实现了不溃一垸不死一人的防汛目标，龙卫红本人在防汛指挥部坚守岗位 50 天，从未请过一次假。六是着力抓好了砂石开采工作，共开采挖砂石约 1600 万吨，为沅江市财政收入做出了贡献。七是着力抓好农村人居环境整治工作，农村环境明显改善。胭脂湖街道获评省级文明乡镇，三眼塘村获评省级美丽乡村精品村、民心村获评省级美丽乡村，全年完成农村改厕 20000 个。八是着力抓好了南洞庭湿地修复工作，全面完成环保督察问题整改，2020 年砍伐欧美黑杨 31950 万亩，清理萌芽条 14 万多亩，完成廊道植树 102 万株。九是着力抓好了移民美丽家园建设，完成了胭脂湖回龙山、洞兴村、永建村三个村美丽家园建设。沅江市移民工作在益阳市年度考核为第一名，被省局定为全省移民特色产业试验区。十是着力抓好了供销合作社综合改革工作，时隔 34 年成功召开第六次社员代表大会，重点打造了沅江市农产品展销中心，助力沅江农产品销往全国。

他一身正气，勤政廉洁。自觉做到了在思想上、行动上、言语上同党中央保持高度一致，切实做到了不越雷池半步，从未公款吃喝、公款旅游、公车私用，也未收受礼金、红包、有价证券和接受他人提供的高档娱乐消费，也从来没有做出任何违法乱纪之事和违反规章制度之事。

龙卫红同志总是默默无闻、任劳任怨、兢兢业业为沅江“三农”发展努力工作，充分发挥了党员干部的先锋模范作用。

三好书记——刘旺民

刘旺民，男，汉族，湖南沅江人，1973年10月生，1991年7月参加工作，1998年6月加入中国共产党。2016年6月至今，担任市委组织部选派驻南嘴镇百家沟村第一书记，沅江市教育局派驻南嘴镇百家沟村帮扶工作队队长，驻村扶贫期间，让他成为村民心中的贴心人，也成为大家心目中工作作风好、群众基础好、扶贫效果好的“三好”书记。

务实肯干工作作风好。2016年6月，刘旺民同志从教育部门选派到百家村上任的第一件事，就是认真地组织工作队成员与百家沟村两委班子成员一起，用2个月的时间，到31个村民小组1225户村民家中走访，平均下来每天至少要走访21户，实地调查百家沟村的贫困现状，针对该村的实际情况，与百家沟村支两委共同商议、探讨，征求村民代表意见，结合有关帮扶政策，制定了“一个中心两手抓，三面配合五朵花”的符合百家沟村村情的脱贫规划目标，他用自已的实际行动和汗水，浇开了百家沟村的“五朵金花”，2017年，百家沟村顺利通过市检、省检、国检，实现整村脱贫摘帽的目标，退出贫困村序列。

2020年新冠肺炎疫情防控期间，他和村组干部一道，将全村分百家沟、余家村、鲤鱼塘、羊婆四个片区，每个片区成立一个工作组，实行疫情防控分片包干，每天进村入户排查、宣传，配合对重点人群进行监测。疫情初期，他和队员、村组干部每天走遍全村各家各户，张贴发放宣传疫情防控资料 3000 多份，配合摸排“八类人员”600 多人。为了减少人员的聚集，劝导村民停办、推迟红白喜事 20 多起，全村无一例疑似和确诊病例。

干群融洽，群众基础好。刘旺民同志把帮扶的贫困户视为“亲戚”。他说，从一开始，他就没有把贫困户当作特殊人群看待，而是用一种交朋友、待亲人的心态与贫困户打交道，深入细致地了解他们的生产生活情况，设身处地地为他们落实政策、解决困难、寻找致富门路，日子一长，贫困户把他当作贴心人，他也把贫困户当亲人。

赶到杨德强家里，他正为今年的养殖纠结。杨德强今年才 45 岁，但在 1996 年因为急性青光眼手术导致左眼失明，右眼只有微弱的感光视力，几乎失去劳动能力。家里 68 岁的母亲因精神疾病终日闭门不出，母子两人全靠政策性的补贴和在外打工的弟弟补贴家用来维持生计。2020 年，镇里王氏有机养殖专业合作社参与产业扶贫，通过向贫困户免费发放鸡苗、鸭苗，提供养殖技术的方式，引导贫困户通过发展养殖脱贫致富。刘旺民马上给杨德强送来了 50 只鸡苗，杨德强非常高兴，让在外打工的弟弟带回饲料，找邻居搭起鸡棚，做起保暖箱。他高兴地说:“感谢刘书记，今年一定要把鸡养好，争取年底卖个好价钱！”

除了建档立卡贫困户，刘旺民同志还协调驻村帮扶工作队与百家沟村支两委重点围绕空巢老人、留守儿童、残疾人等特殊困难群体，开展相关帮扶等活动，重点解决百家沟村贫困户家庭在读子女的实际困难，村两委每年拿出 10 万元左右对这些弱势群体发放慰问金，所以，刘旺民又被村里群众亲切地称为百家沟村的“村保”。

群众满意，扶贫效果好。百家沟村地处赤山岛丘陵山区，山多路窄，群众出行及生产生活极不方便，很大程度上阻碍了百家沟村脱贫摘帽的步伐。为了加大基础设施建设投入，刘旺民同志主动联系有关职能部门，积极协调帮助百家沟村道路硬化纳入规划项目，切实解决路畅的问题。截至目前，已累计投入 744 万元，共硬化村级、组级公路 24.8 公里，全村家家户户都有水泥路相通了，村民出行非常方便。与此同时，为搞好百家沟村村级公路绿化、亮化配套工程，刘旺民同志多次向教育局党委请示汇报，多方筹资 200 多万元，沿主道公路植树 20000 多株，安装路灯 500 盏。如今的百家沟村，村组道路绿树成荫，晚上灯光交相辉映，周边的老百姓茶余饭后到村道上散步的人越来越多，村民的幸福感越来越高。

百家沟村辖区内的余家村学校是一所只有 60 名学生的村级教学点，生源少，师资力量不强，学校软硬件都很差，是南嘴镇有名的老师不想来、家长不想送子女来就读的偏远教学点。刘旺民同志看在眼里、急在心里，多次以扶贫工作队的名义向“娘家”教育局的领导请示汇报，争取投入 100 多万元资金用于学校食堂、功能室建设，大大地改善了学校硬件条件，使学校面貌焕然一新。与此同时，他还多次向镇中心学校、沅江市教育局汇报，争取重点安排 6 名特岗教师到余家村学校支教。基础建设跟上来了，教学效果好了，家长放心了，学生由原来的 60 人增加到了现在的 120 多人，学校教学质量受到上级、教育专家和家长的一致好评。

刘旺民同志还充分利用社会资源，联系武警益阳支队直属大队三中队与余家村学校，达成“与爱同行、共筑希望”的警校共建、捐资助学的长期协议，按 2000 元 / 每人每年的标准无偿资助余家村学校 6 名贫困学子。沅江市电视台，中国武警官网还特别报道了此次警校共建活动。

刘旺民说，他个人没有多大的能量，能做到的，其实只是把中央和上级的扶贫政策宣传好、落实好，他和广大的扶贫工作者一样，只是党和国家扶贫政策的“摆渡人”，而他，就是在尽心尽力地当好扶贫政策的“摆渡人”。

革命的老黄牛——曾立新

曾立新，男，1948年11月生，1968年10月参加工作，1978年10月入党，中专学历，中级职称（主治医师），曾任沅江市卫生局人事政工股长、办公室主任、局党委委员、纪委书记，2008年退休后担任局机关离退休老干党支部书记、沅江市老科协副会长兼市卫健局会长至今。

该同志自担任机关离退休干部党支部书记以来，率领老干党支部一班人不断探索和创新老干党建工作，健全完善党内各项制度，积极组织开展老干部和老科协活动，认真落实老干部待遇，使机关老干党支部工作不断开创新局面取得新成绩，先后被评为沅江市“五好”离退休干部党支部、先进基层党组织，益阳市“五好”老干党支部、离退休干部工作先进单位，湖南省示范离退休干部党支部。他本人被评为沅江市“四好”老干部，最美老干部——党建之星、优秀共产党员、优秀科普科技工作者，益阳市离退休干部先进工作者、益阳市和湖南省优秀老科技工作者。

顾全大局，勇于担当。曾立新同志能认真贯彻执行党的路线、方针、政策，坚持党的四项基本原则，在思想上政治上与党中央保持一致。他政治素质好、站位高、立场坚定、旗帜鲜明，衷心拥护市委市政府，市卫健局党委的领导和指挥，敢于坚持原则、秉公办事、廉洁自律、不谋私利、顾全大局、敢于担当，积极支持市委、市政府的工作，维护卫健系统大局稳定。在他的影响下，机关90多位离退休老同志人老心红，退休不退坡，保持革命晚节，使机关老干部队伍呈现出人员稳定、生活安定、家庭和谐团结奋进的良好局面。

开拓进取，求真务实。新时期老干党建工作具有新特点，局机关老干部按照全国基层党组织工作条例，先后健全完善了党内13项制度，认真落实“三会一课”和月主题党日活动内容，每年上党课两次，狠抓机关党员干部的思想政治教育，坚持谈心谈话活动和党员电教活动。每逢重大节日均召开了老同志座谈会，搞一次学习，增强一些感情。在春、秋游活动中能够结合中心工作，注重政治意义，开展红色旅游，近些年来先后组织机关老干部党员参观工农业生产，去韶山、花明楼、十八洞村、益阳金家堤党支部、周立波故居、长沙橘子洲头、板仓开慧纪念馆、任弼时故居、岳阳楼、常德日军细菌战罪行陈列馆及遇难将士纪念墓碑等地参观学习，进一步激发了老干部爱党爱国的政治热情。

退而不休，爱岗敬业。他退休后做到退休不离岗，同在职人员一样每天在老干办公室上班，从未休息过，热情接待老同志来信来访，做好老同志的思想政治工作，筹备各种老干、老科协工作会议和活动，为老同志排忧解难。他对老同志十分关心和体贴，机关老同志病了上医院看望慰问，老干部过世上门吊唁，每年组织老同志搞健康体检。他每年都带领老专家、老教授上街下乡开展义诊服务和健康咨询活动，连续13年送健康、送知识、送医送药到边远地区和贫困人群手中。特别是他利用所学的医学知识，亲自为市民看病处方。在2020年抗击新冠肺炎疫情中，他积极主动奔赴防疫第一线，为市民测体温，为机关庭院消毒，并开辟网络防病信息专栏，大力普及新冠肺炎防治知识，受到社会的好评。

公而忘私，助人为乐。从小就养成了艰苦朴素、助人为乐的良好品德，积极参与公益事业，时常帮助弱势群体解决一些实际困难。十年来，他每年组织机关老干部开展一次扶贫帮困献爱心捐款，先后为市慈善总会、地震灾区、农村五保户、特困户、城镇下岗职工、失学儿童捐款10多万元，他本人捐款13000多元，如2020年12月局老干党支部将老干部捐款去胭脂湖街道的莲子塘村慰问农村特困供养人员（五保户）20户，在资金有点短缺的情况下，他就一次性捐款 3500 元，受到村民的好评。

学而不倦，持之以恒。曾立新同志学习精神强，除抓好机关老干部的学习外，始终坚持自学制度，订阅了多种学习资料，勤写学习体会和心得。近几年先后组织老干部开展了“喜看新变化,共筑中国梦”“我看改革开放 40 年新变化”“有感建国 70 周年”“不忘初心、牢记使命”等内容有奖征文活动，举办专刊六期，他本人撰写的心得论文先后获益阳市二等奖二次、三等奖一次，沅江市二等奖一次、三等奖二次。其中《沅江市农村卫生工作的调查》《沅江市疾病预防控制工作喜中有忧》两篇论文及《我是怎样当好老干党支部书记》的经验教材在益阳市老科协年会和益阳市、沅江市老干党支部书记培训班上交流。还组织主编《中老年自我保健知识》《沅江市疾病疫防控制纪事》《沅江市卫生志》等书籍。

拼命三郎——马佑云

马佑云，男，汉族，益阳市沅江人，大学本科学历，1969 年 9 月出生，1989 年 3 月参加工作，1998 年 7 月加入中国共产党，现任沅江市行政审批服务局党组成员、副局长，二级主任科员，分管政务信息中心、政务服务中心、行政审批改革、政务服务管理、电子政务与数据资源管理等工作。多年来，他一直以共产党员的高标准严格要求自已，不忘初心，牢记使命，兢兢业业做好每项工作，取得了突出的工作成绩，赢得了上级领导的充分肯定和服务对象的高度评价。

不畏艰难，扎实推进行政审批制度改革。行政审批制度改革是国务院部署的一项重大改革，沅江涉改单位近四十个，涉改事项近两千项，时间紧，任务重，马佑云同志毫不犹豫挑起了这副重担。他认真学习研究上级改革政策和要求，协助局主要领导起草改革文件方案 20 多份，跑遍了全市 14 个镇场街道和全市有行政审批和服务职能的市直部门，一个一个单位做工作，搞辅导。有的单位报上来的事项清单不全面，他与单位反复核对，经常废寝忘食。许多单位的经办人员都这样说："看到马局长这样认真负责，我们都不敢敷衍了。"在落实"三集中三到位"改革任务中，开始有的部门思想不通，他一次又一次上门宣讲政策，直到职能、事项、授权全部到政务大厅集中到位才罢手。有个单位分管领导是他同学，该单位窗口审批存在两头跑的现象，他对同学讲："改革是块硬骨头，讲不得情面，这个问题你们只能立即整改。"经过一年多艰苦细致的工作，实现了市本级实施清单发布率 100%、权责清单发布率 100%、镇村实施清单发布率 100%、权责清单发布率 100%，37 个涉改单位应进驻事项进驻率 100%，37 家窗口单位完成了流程优化再造，全市各部门共减少服务环节 1250 个，减少送审材料 560 份，减少办理时间 50% 以上。2020 年全省行政审批服务效能考核中，沅江的行政审批制度工作进入全省先进行列。沅江市的行政审批制度改革能取得这样好的效果，马佑云同志付出了大量心血和努力。

不厌其烦，全力做好政务管理服务工作。马佑云同志以前在工业园区担任招商部长和工委委员 10 多年，了解企业和群众对政府部门的服务方面诉求，深知提高政务服务水平对优化营商环境的重要性。他指导督促镇村建立基层政务服务"一门式"全覆盖，取得了很大成效，镇村两级服务中心通过开展"一门式"政务服务工作，累计办理各项业务三万多件，实现群众办事"小事不出村、大事不出镇"。他在政务大厅负责组织推行"一站式服务"和"一件事一次办"，政务服务事项一次性办结率为 99.3%，企业和群众对这项改革的满意度达到 100%。他根据上级要求，学习外地经验，结合沅江实际，负责起草制定了"沅江市政务大厅一站式服务流程”“沅江市实施‘一件事一次’办实施方案”，负责建设了大厅的服务设置，大厅配套建设了取号叫号系统、查询服务系统、电子监控系统、公共广播系统、24 小时政务自助服务区等标配设施，并且设置了咨询导办、银行窗口、无障碍洗手间、母婴室、文印室等便民设施设备，服务功能齐全先进，受到广大群众称赞。他还积极主持开展了集成式服务创建工作，指导创建了企业开办、税务、婚登等 7 个集成服务示范专区，如指导市监局将注册登记、印章刻制、税务登记、发票申领、银行开户、社保登记、公积金开户等事项集中到企业开办专区办理，实行“串并联”无缝对接，已为 1073 家新创办企业提供集成高效服务，企业开办时间由原来的平均 5 天压缩到 1.5 天。他与市税务局窗口的同志一起摸索总结经验，大力推行电子税务，方便了企业和群众办税，目前 80% 的业务全程网上办理，同时协助税务局扎实做好线下办税“一站式”服务工作，在全省 155 个政务大厅税务窗口考核中排名第四，被评为“湖南省五星级办税服务厅”。

不忘初心，永葆共产党员先进本色。在工作中他是“拚命三郎”，坚决服从组织安排，总是冲锋在前，乐于奉献。2019 年局党组安排他负责新政务大厅的装修搬迁工作，要求他在三个半月的时间内完成任务，马佑云同志整整 100 天坚守在工作场地指挥调度、监工监质，周末和节假日没有休息过，大到装修规划设计，小到每件设施设备的安放，他都与设计和施工人员仔细研究，精益求精，保证了政务大厅的按期搬迁，工程质量得到了上级主管部门和市领导的高度评价。作为政务大厅的分管副局长，他经常与大厅的工作人员讲：我们都是直接为企业、为群众服务的，一言一行都代表政府形象，一定要设身处地为企业和群众着想，全心全意为企业和群众服务好。他做到了言行一致，上班时间基本在大厅现场办公，有问题找他协调解决都能随喊随到，有时他还充当起导办员、领办员。他在工作中既严格管理，更严于律已，以身作则，廉洁奉公，对服务对象的请吃请喝一律拒绝，在他的努力和影响下，沅江市政务大厅服务质量明显提高，达到了服务群众“零距离”、服务过程“零障碍”、服务质量“零投诉”，举报处理率100%，回访群众满意率100%。

马佑云同志总是把成绩看作是前进的起点，时时告诫自己：作为一名共产党员，要默默地耕耘，无私地奉献，孜孜地追求，用自己的努力工作践行入党誓言、增添党的光辉。

医德医风标兵——林惠钦

林惠钦，女，汉族，湖南沅江人，1974年4月生，1993年9月参加工作，2004年7月加入中国共产党。现任沅江市疾病预防控制中心应急办主任，主要负责急性传染病防控及突发公共卫生事件应急处置等工作。

林惠钦同志始终以“认真干好本职工作即是最好地为人民服务”为宗旨；她对人民群众疾苦有着深刻感知、对生命健康有着深切感悟、对疾控事业有着深厚感情；她用无尽的热情与爱心感染着身边的人，用信念和智慧坚守着自己的事业，用过硬的业务能力为人民群众的健康服务。

思想进步，知行合一。林惠钦同志有着良好的政治素养与道德修养，坚持以一名优秀共产党员的标准要求自己，把“做事先做人，万事勤为先”作为自己行为准则，在思想与行动上始终与党的路线、方针、政策保持一致，具有坚定的共产主义信念和较强的党性。认真学习习近平新时代中国特色社会主义思想、党的各项方针政策，学以致用，知行合一，扎根基层卫生事业，在工作中主动担当作为，直面困难，迎难而上，时时事事起模范带头作用，拼在维护人民健康一线，身体力行把党的方针政策落实到基层和群众当中。

爱岗敬业，恪尽职守。作为沅江市疾控中心的业务骨干，林惠钦同志始终坚持在疾病预防控制工作的第一线，始终把人民群众的需求放在第一位，真正做到了干一行、爱一行、钻一行、专一行。在临床为主的岗位上，就以病患为中心；在以预防为主的岗位上，就以服务对象为中心；在卫生应急岗位上，更是处事稳重，积极应对，科学研判，处置规范及时。她工作严谨、细致、务求实效，不仅仅是疫情观察员，还是措施执行员、督查指导员、质量控制员，无论是传染病报告管理日常工作，还是传染病暴发或突发公共卫生事件处理，或是重点传染病监测工作，她事必躬亲，及时完成上级下达的工作任务，努力在各项工作中创先争优。

吃苦耐劳，屡创佳绩。林惠钦同志以积极的工作态度，充沛的工作精力投身于疾控事业的各个岗位，“忙里又忙外”是她工作的真实写照。她曾说：“疾控工作是传染病防控的前哨，疾控人是冲锋陷阵的排头兵，在这没有硝烟的战场上，我们的工作就是守护，守护群众的健康与平安”“有一种工作叫守护，有一种守护叫坚持。”传染病报告管理日常工作繁杂，工作质量要求高。不论是工作日、双休日还是节假日，林惠钦同志与同事们默默坚守在疫情监测的第一线，坚持每天24小时值守，确保值班有专人、巡查有记录、监测有报告、疫情信息传递与处理网络畅通、资料整理井井有条。遇到各种突发公共卫生事件和传染病暴发时，她总能快速反应，带领应急队伍第一时间赶赴现场，每次处置力求准确、及时、高效，及时调查事件的原因，果断采取措施，有效控制事态发展。无论身处城区或农村，无论白天与黑夜，无论酷暑或严冬，身处险境而无畏，视疫情如命令，总把群众的生命财产安全放在第一位。

在2020年的新冠肺炎阻击战中，她更是身先士卒，不辞劳苦，在大年三十晚上，沅江市报告首例新冠肺炎病例时，与疫情处置机动队队员一起奔赴疫情现场，连续奋战10多个小时，深入现场，入户调查，核实信息，确定密切接触者，在未知的风险面前挺身而出，深夜回单位后更是连夜核对数据、梳理资料、分析疫情、撰写调查报告、协助开展密接管理、网络报告……所有工作环环相扣，为疫情控制赢得防控契机，及时高效地处置了疫情。在新冠肺炎疫情攻坚阶段，她像是一颗钉在办公室的螺丝钉，展现“吃得苦、霸得蛮”的精气神，每天工作12小时以上，在信息报送、疫情处置、网络直报工作中天天连轴转，把办公室当成家，休息让步于工作，假期让步于疫情，她带领工作团队，对所有新冠肺炎病例的密切接触者进行流行病学调查与健康监测，控制了病毒传播，防止了疫情扩散蔓延，最大程度地保护人民生命财产安全。

因工作出色，她所负责的工作连续3年获得省级表彰，沅江市疾控中心先后被评为湖南省“十二五”重点传染病和病媒生物监测先进单位、湖南省传染病报告管理工作先进单位、湖南省急性传染病监测先进单位。她本人多次获得“优秀共产党员”“医德医风标兵”“先进工作者”等嘉奖，2020年11月被中共湖南省委、湖南省人民政府授予“湖南省抗击新冠肺炎疫情先进个人”光荣称号。

她把党旗上那一抹鲜红当成最美丽的颜色烙印在心底，把共产党员的初心使命化为为人民服务的自觉行动，以坚定的信念、昂扬的斗志、坚强的毅力，坚守着她的阵地，持续地投入基层卫生工作中，以实际行动践行一名共产党员的初心使命和责任担当，换取群众的健康与安宁。

“零差错”的责任担当者——周中华

周中华，男，沅江市税务局征收管理股副股长。1975 年 3 月出生，1998 年 7 月毕业于湖南财经学院并参加工作，2000 年 6 月加入中国共产党。从业以来，他在平凡的岗位上任劳任怨、默默奉献着自己的青春和热血。20 多年来，他因成绩突出多次被评为“先进个人”“优秀共产党员”“优秀党务工作者”，13 次受到益阳市局嘉奖、4 次荣立三等功，还被评为益阳市国税系统 2012 年度“国税标兵”、湖南省国税系统 2017 年度先进工作者、沅江市脱贫攻坚先进个人。勇攀登，孜孜以求，勤业精业成就技术能手。参加工作以来，周中华坚持以自觉之心加强学习,坚持将理论学习与税收实际相结合,牢固树立了“终身学习”的理论。刚来信息中心时，面对沅江国税信息工作的千斤重担，他迎难而上，利用休息时间加强学习，整理思路，总结经验。面对出现的问题，经常独自一人冥思苦想，默默地坐在电脑前一次次尝试，通过不断地摸索，解决难题，成长为一名技术全面、业务过硬的复合型人才。现在，只要电脑出现问题,大家第一个想到的就是找“周工”。“快速”“准确”“高效”就是对周中华工作效率的最好诠释。

重奉献，默默无闻，任劳任怨彰显税务人本色。刚参加工作时，周中华被分配到沅江北部基层分局。三年里，他每天早出晚归，一天来回五六十里，一村村、一户户为国聚财收缴个体税收。晴天一身灰，雨天一身泥，有时还要忍受纳税人的冷嘲热讽，但他从无怨言，出色地完成上级交办的各项税收任务。2001 年 10 月他被调入信息中心，虽然他家离单位有七八里路，但不论刮风下雨还是天寒地冻，他都能坚持每天提早上班开服务器，以保证大家能及时签到和正常工作，同时把楼道、办公室拖得干干净净，推迟下班，做好征管、出口退税、金税工程、公文处理等各项数据的备份工作，确保数据的万无一失。

2002 年 9 月至 12 月，因市税务局信息中心有两人参加了在中南大学为期四个月的计算机培训，信息中心只剩他一个人，所有事都由他一个人扛，经常手机、电话响不停。家人不理解，总是埋怨他："怎么你就那么忙？早上天不亮就走，晚上摸黑才回家。"他向家人抱歉："这是金税数据，必须雷打不动按时上报。"正是这份雷打不动的责任心，铸就了沅江国税多年来金税工程"零差错"的佳绩。

他工作的这 20 多年，正是税收信息化建设飞速发展的时期。他经手了 40 多个税收软件的系统初始化和系统维护工作，从"金税一期"到"金税三期"的推广、公文处理系统、湖南征管 4.30、CTAIS、税收管理员系统、税收执法系统和监察子系统、金税三期税收管理系统等一系列软件上线，对全局一百多台微机分科室一台一台地进行客户端安装、调试，并及时耐心地解决大家在运用过程中出现的各种各样的问题。无论是白天还是黑夜，无论是分内还是分外，哪里有故障，哪里就有他的身影。2015 年 10 月，金税三期税收管理系统的上线工作和 2017 年的"营改增"全面推广及国地税联合办税，虽然他不是该系统的管理员，但作为局的技术骨干他勇挑重担，毅然担起了此次征管系统的技术保障工作。他常常一坐就是好几个小时，在不断的尝试摸索中解决了一个个难题，确保了该系统的顺利上线。2017 年 11 月，为加强征管力量，周中华被调入征收管理科，面对新岗位，他在加强税收征管业务知识的同时，迅速进入角色，和科室同事一道加班加点下发清查金三征管系统基础数据一万多条，确保了国、地税金三征管系统 2021 年 3 月顺利并库上线。多年来，除了 2010 年 5 月为了照顾肺癌晚期的岳父休了四天年休外，他几乎从未休过年休，正是有他 20 多年如一日兢兢业业、尽职尽责地坚守，沅江局金税网络畅通、税收信息化建设全面推进。

有爱心、热情服务、真情救助彰显党员风采。每次义务献血时，周中华积极主动。每当单位号召捐赠时，他又积极响应，遇到抗震救灾之时捐款捐物更是主动热情，特殊党费、爱心助学、慈善捐款、公交让座、想群众之所想，“一个岗位一面旗帜，一个行动一份奉献”。办税服务厅是税务局对外的形象窗口，也是周中华服务的主要对象，大厅所有微机的运行情况不仅关系到国税的形象，也关系到每个纳税人的切身利益，因此他总是时刻关注大厅设备、网络的运行情况，力求防范于未然。大厅设备多、线路杂、税收应用软件繁多，每次更换都得花上一个星期，有人不理解，认为他是自找麻烦。但他坚定地说：“五星级的办税大厅就得有五星级的设备和后勤保障。”

凭借着一个共产党员的信念和对税收事业的热爱，周中华以自己的实际行动，以一名优秀共产党员的行为标准，忠贞不渝地履行了一名税务工作者的光荣使命和神圣职责。

道德模范篇

传统美德的"传承者"——唐河清

唐河清，男，汉族，湖南省沅江市泗湖山镇坪塘岭村人，一名普通的农村党员。他三十年如一日悉心照顾身患严重精神疾病的弟弟唐罗生，在当地被传为美谈。

唐河清的弟弟唐罗生在14岁的时候患上严重精神疾病，从此生活起居都需要人照顾。由于父母身体不好，唐河清一边照顾父母和弟弟，一边四处求医，无奈弟弟病情太重，最终只好留在家中遵照医嘱服药控制。弟弟本来体弱，经常生病，在那交通不发达的年代，唐河清经常用板车拖着弟弟，到几十里路外的镇上去求医问药。

2009年8月，唐河清母亲去世。时隔多年，唐河清还记得母亲临终前，把弟弟托付给自己的情形。"妈不行了，最放心不下的就是罗生，你要照顾好老弟……"母亲眼含泪水，把他的手握得紧紧的。"妈，我保证，有自己一碗饭吃，绝不会少了弟弟那一口。"从那以后，唐河清担起了照顾弟弟日常生活的担子，洗衣、送饭、洗澡、理发、喂药……日日如此，还有自己家里的家务，都是他每天都要面对的事。精神病患者在饮食方面比较讲究，唐河清每天都保证弟弟的食物要有营养、易消化，尽量保持弟弟平时的饮食习惯，一日三餐定量、定时。在家里待的时间长了，担心弟弟会憋得慌，唐河清就在他状态好的时候陪着他出门逛逛。

近年，唐河清身体大不如前，自己也是经常生病住院。在众人的一再劝说下，2014 年 7 月，唐河清和儿子一道把唐罗生送到了沅江市第七人民医院（三眼塘精神病医院）。因弟弟从未离开过身边，他终日担心弟弟吃不好睡不好，几次偷偷坐车跑到医院去看弟弟。当看到弟弟念着自己的名字时，他再也控制不了情绪，眼泪夺眶而出。就这样，在家人的理解和支持下，唐罗生在第七人民医院住了不到一个月，又被唐河清接回家中亲自照顾。唐河清牢记医生的嘱咐，把药拌在饭里、茶水里，让弟弟按时服用，较好地控制住了病情。

唐罗生发病的时候会有一点暴力倾向，唐河清也有不小心被他伤到的时候，但他从未让弟弟伤到过别人。可即便照顾得再精心，还是会有意外。有一次，因没及时关门，弟弟跑了出去。唐河清急疯了，找了一天一夜。有邻居劝他,反正是个疯子,就别找了,正好甩了这个包袱。“他可是我的手足兄弟。”在亲朋好友的帮助下，弟弟终于找到了。看着一身脏兮兮的弟弟，唐河清连忙烧火做饭，先让弟弟饱饱地吃了一餐。随后，又赶紧烧热水，给弟弟洗了个澡。看着弟弟安静睡下，他才发觉自己已经累得直不起腰。

他言传身教，用行动为儿女树立榜样。如今儿女均已成家立业，弟弟成了唐河清最大的担心与牵挂，他说弟弟比他小 16 岁，他至少要多为弟弟考虑 20 年。“我百年以后，叔叔就靠你们了”，这是唐河清经常和儿女们说的一句话。他的儿女们受父亲的影响，对叔叔也是一直关爱有加。前几年，他的儿子辞了退伍安置的外地工作，回村办起了养殖场；大学毕业的儿媳也辞了城市待遇优厚的工作回村考聘了便民服务员，方便就近照顾家庭。他们均表示：父母年纪大了，做儿女的应当接过父亲手中的接力棒，一如既往地照顾好叔叔。

坪塘岭村原党总支书记曾谷华说起唐河清，满是敬意：“真的不容易，三十多年如一日，这种无私与奉献，是一种坚持更是一种担当啊，他这种精神难能可贵，是我们党员群众的好榜样！”这个党员家庭，用至真至纯的爱传承着中华民族的传统美德。

平凡的好人——黄林

黄林是一位出生在沅江市农村的90后小伙，他为人老实、乐于奉献，工作扎实肯干，不管在什么时候、处在什么岗位，都力所能及地帮助需要帮助的人。2019年，他无偿捐献187毫升造血干细胞混悬液，成功为上海一位素不相识的白血病患者生命“续航”。2020年他被提名为“湖南好人”候选人。

黄林是阳罗洲镇司法所一名司法助理员。2019年12月12日晚，黄林接到中华骨髓库湖南分库电话，说他的造血干细胞与上海一名生命垂危的白血病患者初配成功，希望他能捐献造血干细胞。黄林在了解情况后，毫不犹豫地表示愿意捐献，并于12月16日在中南大学湘雅附三医院血液科，历经6个小时的采集后，捐出187毫升造血干细胞混悬液。黄林介绍，当时那个患者情况非常紧急，接到捐赠电话，没什么其他考虑，只想着救人要紧，这么多人，他偏偏和我配型成功，这也是一种缘分吧。

黄林的妻子孙丹回忆，那时黄林是第三位与患者初配成功的志愿者，前两位初配成功的志愿者，因身体原因无法完成捐献。当时，那名白血病患者已进入移植仓治疗8天，身体急需健康的造血干细胞。黄林接到通知后，第二天就赶去医院做各种检查，打动员针剂，从检查到完成捐献只用了94小时。这是2003年建骨髓库以来最快的手术，而且是沅江市第一例。黄林不仅在生活中乐于助人、无私奉献，工作中也是恪尽职守、任劳任怨。不管做什么工作，都积极肯干、锐意进取。在捐献造血干细胞不久，新冠肺炎疫情来袭之际，大年初二他就投入抗疫工作中，为疫情防控坚守岗位。

在阳罗洲镇干部群众的心中，黄林是个“热心肠”、好干部，群众哪里有需要，哪里就有他忙碌的身影。近 60 岁的刘新华，是村里的“五保户”，他有一笔拖了几年的外债收不回来，希望通过法律途径收回，由于自身行动不便，只好通过电话联系黄林。黄林接到电话后，立马赶到刘新华所在的村民服务中心，与他接洽，帮助他寻找相关法律依据，以求尽快帮他收回这笔外债。刘新华一谈起黄林就竖大拇指，“黄干部对我们老百姓很好，给他打电话马上就到了。”镇里富民村党总支书记崔宏介绍，“黄林乐于助人，经常为贫困户做一些力所能及的事，比如收稻谷时帮忙装稻谷，背稻谷，帮残疾人提水，打扫卫生，相当不错，是个好伢儿。”

作为一名基层司法助理员，黄林乐做人民公仆，脚踏实地，做好每一件平凡的事，甘做一个平凡的好人。

80 位孤寡老人的“亲女儿”——陈爱莲

陈爱莲，湖南省沅江市泗湖山镇敬老院原护理员。1986 年，华田乡政府成立敬老院，她得知后主动要求去做护理员，毅然辞去了村妇女主任工作，全身心投入敬老院的护理工作上。

每天早上 5 点多，起来烧好开水，将暖水瓶和洗脸水送到每个老人房门口；下午两三点，又拿起扫帚，清扫庭院；晚上 9 点多，小心搀扶老人到床上，为他们盖好被子后才轻手轻脚离开；深夜，还要起来一两次，看老人们睡得安不安稳，这是陈爱莲日复一日的工作。

守护老人心贴心。陈爱莲是宁乡人，10 岁丧父，18 岁入党，1966

年嫁到沅江。勤劳能干而又积极上进的陈爱莲，到沅江第二年就被推选为村妇女主任。1986年，乡里建了敬老院，但选派护理员却成了一个难题。选了六七个，但都不愿干，不是嫌累就是嫌待遇低。这时，有人提议叫陈爱莲试试。消息传开，在陈爱莲面前说风凉话的人不少。有的说，护理工作又脏又累，待遇又不高；有的说，放着村干部不当，去干侍候别人的苦差事，真的有点“宝”。面对种种议论，陈爱莲想，自己从小就没了父亲，能有今天多亏了党的培养和乡亲们的关照，怎能不去呢？丈夫有点想不通，她说：“谁叫你娶了个党员做老婆呢？”就这样，她来到敬老院，与老人们为伴。

从进敬老院走上护理员岗位的第一天起，陈爱莲待老人如父母。她买来一个小本子，将老人们的生日和喜好一一记下。每逢老人生日，她总要买一点老人爱吃的东西跟大家分享。老人也视她如亲人，有什么事都跟她说。平时老人们偶尔闹点小别扭，只要她一出面，隔阂就烟消云散了。日常护理工作琐碎而繁重，陈爱莲真心付出，将住在敬老院的孤寡老人照顾得无微不至。进敬老院25年，9000多个日日夜夜，她为老人们做的好事数也数不清。

年近八旬的朱桂春老人因中风偏瘫，大小便失禁，卧床近3年。陈爱莲像对待自己的父亲一样，不厌其烦地给老人擦洗身子，接送便盆，直到老人安详离世。年过七旬的邹娭驰患了痔疮，身体虚弱，时常弄脏衣裤。陈爱莲为老人煎汤熬药，换洗衣裳，天天如此。

“我们这些老人都多亏她，她对我们不厌弃、耐得烦，是我们贴心的‘小棉袄’。”提起陈爱莲，敬老院的老人们无不翘起大拇指。72岁的肖怀仁老人还写了一首诗称赞她：“好人好事我来谈，陈姓爱莲非等闲。自从建院那时起，她的成绩说不完。孤寡老人得了病，白天黑夜走得勤。瘫痪老男起不了，不避闲言帮洗澡。众人看了都说好，还有许多说不了。”

2007年，陈爱莲年满60岁，组织上想让她回家休息，但敬老院的老人们离不开她，30 多位老人联名写信挽留她。陈爱莲说："老人留我我感到高兴，工资再低我也愿意继续呆在敬老院，到自己做不动了为止。"陈爱莲现在每月工资只有 450 元，有人愿意以不少于 2 万元的年薪请她去当护理工，她婉言谢绝了。

陈爱莲的家离敬老院只有五六里路，但她每个月只回去两三次。每次回家，几乎都是吃了晚饭后才回家，第二天一早又来上班。在担任护理员的二十多年里，她先后送走了 42 位老人。老人弥留之际，她守在身边；老人走后，她为他们洁身整容，操办丧事。但她却没能为自己的继父送终。

1994 年 10 月，在宁乡老家，对陈爱莲有养育之恩的继父身患重病，很想看一看女儿。陈爱莲安排好手上的事，请了几天假去宁乡，在家住了 3 个晚上。因放心不下敬老院的老人，她又匆匆赶回沅江。一个星期后，继父去世，陈爱莲未能为老父亲送上最后一程。

2009 年 1 月 19 日，农历腊月二十四，是陈爱莲终身难忘的日子。这天路上结着厚厚的冰，她丈夫吃过早饭来敬老院时，她正为老人们洗被子。她丈夫平时不常来，这天上午赶来是想接她回家过小年。而陈爱莲对丈夫说，自己这几天很忙，没时间回家。陈爱莲万万没想到的是，她和丈夫这匆匆一别竟成了永别。3 天后，丈夫因突发脑溢血去世。临终前，与他相守了 42 年的妻子陈爱莲还在敬老院里。谈起自己亏欠亲人的件件往事，泪花在陈爱莲的眼眶里直打转。

她曾为 42 位孤寡老人送终，自己的老父亲去世却没在身边；她丈夫是晚期血吸虫病患者，可她却少有时间回家。1996 年 7 月，泗湖山镇因洪水溃堤，她陪伴 30 多位老人，没日没夜地工作了 47 天。2010 年被评为沅江市十大市民典范；2011 年被评为湖南省优秀共产党员；2012 年被评为益阳市十大道德模范；2014 年获湖南省第三届道德模范助人为乐模范提名奖。

“禁毒妈妈”的领头羊——陈智云

陈智云，沅江市纺织印染有限公司下岗职工，沅江市“爱心家园”志愿者协会志愿者，也是一位癌症患者。在自身与乳腺癌顽强抗争的同时，她带领众多爱心妈妈积极投身禁毒、助残等公益活动，感动了身边许多人。从一名下岗职工，到沅江市“禁毒妈妈”的领头羊，到益阳市“十佳社会禁毒工作者”，陈智云的人生又有着怎样的故事？

吸毒孩子的惨状触动心灵，姐姐引领她走上禁毒路。2010 年 4 月，48 岁的陈智云正在自家经营的小餐馆里忙碌。店里来了一位乞讨者，是一个男孩，一身脏兮兮的，心地善良的她赶紧端出热腾腾的饭菜。男孩看起来才十五六岁，却一脸病态。餐馆里有人认出了男孩，摇着头说，这孩子吸毒，吸了戒，戒了吸，折腾了好几回，家里人实在没办法，把他赶了出来。

“谁家孩子不是宝贝一样，现在却活得这么卑微，连人的尊严都没了，这毒品害人不浅啊！”一连好几天，陈智云睡不好觉，总觉得自己应该做些什么。脑海里突然冒出一个想法，姐姐陈建荣不是正带着一支“禁毒妈妈”队伍从事禁毒宣传吗？毒品形势这么严峻，做一个像姐姐一样的禁毒志愿者，为禁毒事业出一份力，不是很有意义的事吗？陈建荣笔名“好娘”，那时她正在走访一些吸毒孩子的母亲，为自己的创作积累素材。此后，只要姐姐一声召唤，陈智云就把餐馆里的事交给丈夫，跟着姐姐走村串户，成了姐姐的专职摄影师。

每个吸毒孩子都有着悲情故事，有的心灵扭曲，有的成了家庭沉重的包袱。听着孩子母亲无助地流泪诉说，陈智云眼里也饱含泪水，她急切地对姐姐说:“姐，你一定好好写，让更多的人从中受益，珍爱生命，远离毒品。”而她，也更加懂得只有大力宣传禁毒，才能够挽救更多的孩子与家庭。姐姐用心写作，妹妹做好助手。2011 年 6 月，陈建荣写作的禁毒纪实文学《母亲的呼唤——走进吸毒者家庭》出版发行，在社会上引起了强烈反响。陈智云握着姐姐的手表示祝贺，“姐，谢谢你引我走向了禁毒之路，我觉得我的人生变得更加有意义。”陈建荣看着比自己小了 8 岁多的妹妹，深情地说:“妹妹，这本书里有你一半的功劳。”

多努力一点，吸毒的人就少一点，她乐此不疲地开展禁毒宣传。良子（化名）记得陈智云温暖的目光。生意做得红红火火的良子，因为吸毒，妻女离去，家财耗尽，还欠下一屁股债，在长沙强戒所戒毒。陈智云和姐姐一起去给他送书，刚开始他是极为抵触的。陈智云轻声劝慰:“浪子回头金不换。只要下决心改变，一切都会好起来的。”她和姐姐几经努力，将良子的妻女找了回来，又向“禁毒妈妈”发起倡议，募集了一些资金，看望慰问他年迈的父母。戒毒成功后，陈智云和姐姐又前往良子家里，鼓励他重新创业。2017 年，良子被评为全省戒毒先进个人。良子总喜欢说:“没有好娘红娘姐妹俩，就没有现在的我。”“红娘”是陈智云的网名，大大小小的人都这么喊。“也许我们多努力一点，吸毒的人就会少一点。”从加入姐姐的“禁毒妈妈”队伍那天起，陈智云就这样为自己加油。多年来，“禁毒妈妈”活动都有她的身影。

早些年，交通、通信没有这么发达，陈智云跟随队伍，打着横幅，喊着口号，用脚步去丈量对禁毒事业的忠诚。“那时候，也不晓得哪里来的勇气，不管是乡里，还是街上，拿起大喇叭就喊。”据不完全统计，这些年来，她们用歌舞、快板书、专题讲座等群众喜闻乐见的形式，深入开展禁毒宣传进企业、进学校、进家庭等“六进”活动，受教育的群众、学生达 14 万余人。时代在进步，她们宣传禁毒的方式也与时俱进。她和姐姐带领“禁毒妈妈”参加快闪活动，利用微信朋友圈和抖音拍摄禁毒小视频。她们还创作音乐情景剧《母亲的呼唤》《母亲的期待》等，自编自导自演，从沅江演到益阳，从学校演到强戒所、看守所等。

让生命变得更有意义，重病的她依然醉心于公益。别看“红娘”搞起宣传来一身是劲，其实她重病在身。2007 年，陈智云就检查出患有乳腺癌。手术后，又复发了一次。“禁毒妈妈”曾为她发起募捐，筹集了 10 多万元。有朋友劝她，“你不要这么劳累了，这样折腾对身体不好。”可她说：“个人的想法不同，活法也不同。我就是因为从事公益，认识了这么多好姐妹，生命才得以延续。”2018 年，癌细胞转移到了肺部，她不得不再次住院。女儿心疼妈妈，她这样笑着跟女儿讲：“人的生命有长有短，既然无法延长自己的寿命，就让生命变得更有价值一些。”每次刚出院，她转身就融入禁毒宣传队伍中。患病的这数年里，陈智云参加禁毒宣传活动 300 多次。2019 年春节至今，她就带领沅江市禁毒妈妈文艺宣传队，开展禁毒宣传活动 30 多次。“禁毒妈妈”皮晓红特别佩服她，“红娘这个人，大公无私，特别有爱心，又乐于帮助人。除了热心于禁毒宣传外，这么多年，她一直照看着 70 多岁的邻居傅爹，比亲闺女还好。她还多次带领我们到敬老院看望慰问老人，帮尿毒症患者销售农产品……。”遇到别人有什么需要帮忙的，她总是尽可能地给予帮助。她和“爱心家园”的朋友一起走进养老院，看望慰问老年人，对社会上的贫困家庭给予力所能及的帮助，为社区的残疾人发起捐款。有的老年人行动不便，她帮助买东西送到家里。一位五保户娭毑住院，没有人照料，她在医院陪伴老人，一直到她痊愈出院。她用乐观、善良和爱心，诠释了“爱出者爱返、助人者自助”的生活真谛。

危难时刻显本色的“憨大叔”——郭立强

他是益阳沅江市胭脂湖街道永建村党支部委员，村级公路建设由他主抓。看起来憨憨的他，却在生死瞬间跳入激流中，救起一位落水老人。

救人是一种本能，来不及多想就跳下了水。“没有他来救我，我只怕早已不在人世了。”说起自己的救命恩人，70 岁的黄怀德一下子激动起来。

记忆清晰得如同就在昨天。2019 年 3 月 17 日下午，春寒料峭。黄怀德正驾着自家的小木船，在资江河的一条支流上捡拾漂浮的速生杨当作柴火用。让他料想不到的是，因载重过多，小木船一下子翻了过来。老人本能地抓住木船，人在水中沉浮。

已近黄昏，郭立强正为家人准备晚餐。一阵急促的手机铃声打破了平静，电话里传来急促的声音：“有人掉河里了，快来救人啊……”郭立强水性很好，又是热心肠，村民有事第一个想到的就是他。

从家里到事发现场大概有 700 多米的样子，郭立强骑着摩托车一路狂奔。到现场时，只见水流湍急的河面隐约露出老人半个头，老人死死地揪住不断翻转的木船在河里挣扎，已渐渐显得力不从心了。“当时只想着救人要紧，根本就没来得及考虑水下环境的复杂……”郭立强边脱掉外衣，边往河边跑，然后猛地跳了下去，奋力朝老人游去。判断老人神志尚清醒，郭立强绕到他身后，一把抓住他往岸边游。河水冰凉刺骨，冷得人直打寒颤，可他顾不上这些，咬牙将身处险境的老人救了上来。

“事发时村民们第一个想到的就是他。”从小就熟知水性的郭立强是村里出了名的游泳健将，同时也在沅江市三眼塘镇永建村担任了 6 年村干部，目前负责村里的党建和生产工作。作为一名老党员，只要群众找他，他就会去帮忙，老小都合得来，很是开朗。“郭主任平时待大家就很热心，他救人我不意外，他在遇到这种救人的事肯定会第一时间去做，是我们的榜样。”永建村村支书徐登科说。

面对大家的感谢与称赞，郭立强只是朴实地笑了笑，一再表示只是本能的反应，有能力就要救上来。但这种本能或者说下意识并不是凭空而来，而是源自于一份善良、一份责任、一份朴实。郭立强是一个平凡的人，一名普通的共产党员，但却迸发出这个时代迫切需要的正能量，社会需要这股暖流，时代呼唤这样的平民英雄。

除了热心，让徐登科印象最深刻的就是郭立强的认真、踏实。51 岁的郭立强当了 6 年村干部。早些年，担任村里的治保主任，村民发生了矛盾纠纷，他总是第一个赶过去。他做思想工作讲究一个“情”字，群众都信服他。现在，他主抓党建和生产工作。作为一名老党员，他不但以身作则，还号召年轻党员发挥先锋模范作用，为美丽乡村建设贡献自己的一份力量。

村里确定了稻虾养殖、稻鳖养殖的产业发展思路。他多次上门做群众工作，引导他们转思路、调结构，还请来专家给村民传经送宝。村民养殖的积极性大大提高，养殖面积不断扩大。

村里要发展，交通宜先行。2021 年村里争取了一些资金，拟将村里的一些断头路互相连通，构建起通畅的路网，提升村级公路的品质。这项工作就是郭立强在负责，他苦口婆心做好村民工作，协调好了关系，前期进展顺利。村级公路建设中，他经常泡在工地，为质量把关。“要修一条民心路，致富路。”这是郭立强的追求，也是村支两委班子共同的心声。

农家书香“真情守护者”——曾汉斌

沅江市胭脂湖街道莲子塘村78岁的曾汉斌，每天都会按时打开自己创办的农家书屋。门一开，借书的人便陆陆续续来了。不管是村里还是村外的人，他都让座倒茶、热情招呼。

2005年7月，曾汉斌用自己多年种地、打工积攒的钱，购买了2400多册图书，再将自家一楼的两间房子腾出来稍加装饰，添上三个书柜、两张阅览条桌，一个免费的“农家书屋”就开张了。此后，他又投入4万余元，将图书增加至6000多册。多年来，他为村民办理借书证近300个，借阅登记共4000多人次，仅登记册就有厚厚5大本。书屋内，收集了各种农业、时事、科技、法律、保健等题材的图书，成为乡邻们免费读书的好去处，附近的村民、孩子、外来务工者，一有空闲就到他家来看书学习。

筹办这家书屋，源于一份打小就深埋的理想之种。曾汉斌说，他小时候家里很穷，读书不多，因此希望能有一个属于自己的书屋，把自己喜欢看的书与别人分享。

曾汉斌多次不辞辛劳到沅江市文旅广体局、市图书馆等单位寻求帮助，申请到几个大书柜和一些书籍，让书屋有了模样。他还通过各种途径搜罗书籍，到城里书摊上“淘”，朋友搬家不要的书他都收集起来，甚至把自己各种荣誉得来的奖金全部用来购置图书……

他把这些宝贝按“政经类”“农技类”“历史类”“文化生活类”“青少年类”等分为七大类，贴上标签，用工整的小楷字标注，以便查找。遇到村里放电影、村民大会、红白喜事，他还向大家推介他的“农家书屋”，鼓励村民办理借书证，免费借阅。

面对他的默默坚守与辛勤付出，周边的人不禁调侃道：“老曾呀，你办农家书屋十年没有工资，自己还投入这么多钱，你图什么呀？”

“图的是大家有书看，提高觉悟，学到知识技术，现在不少乡亲包括小学生都经常找我借书看，我每天忙忙碌碌，让自己很充实。”曾汉斌说道，每当看到乡亲们从书中学到技术，他的心里就格外高兴。

铁肩担道义的“冲锋战士”——赵新华

赵新华，男，1976 年 8 月出生，沅江市南嘴镇百家沟村人。在南嘴镇说起赵新华，没有一个人不认识这个热心肠的汉子。赵新华于 1991 年回乡创业，成立了南嘴新华礼仪公司。在 2015 年 7 月，他发动各界力量，组建益阳市唯一的一个民间义务救援队伍——沅江市红十字会新华义务救援队。2017 年年底更名为：沅江市红十字新华应急救援服务中心。

在赵新华的领导下，救援队自成立以来，自筹资金 60 多万元购买救援设备，为当地百姓处理各类突发险情，并积极参与公益事业，回报社会。救援队经过两年的迅速发展壮大，成员由最初的 45 人发展到现在的 110 多人。救援队现在有救援设备冲锋舟 3 艘，铁船 2 艘，救援车 1 台，消防车 1 台，另有消防灭火、抗洪抢险、道路疏通、水上打捞等全套器材。

哪里有危险，哪里就有赵新华。救援队成立以来，已经协助处理消防险情 5 次，参与沉船事故处理 4 次，打捞尸体 6 具，协助交警疏通车祸现场百余次。每年汛期，赵新华带领队员们，自发参与南嘴镇目平湖的抗洪抢险，白天灌装堵缺沙袋，晚上防汛巡逻。在维护南嘴镇的社会治安方面，赵新华也做了不少贡献。救援队每晚安排四至六名队员协助南嘴镇派出所，在南嘴社区进行治安巡逻，及时处理了一些社会纠纷，排除了大部分的犯罪隐患。

2015 年冬，沅江市南嘴镇茅草街大桥上，一辆满载废品的货车发生火灾，赵新华带领救援队第一时间赶到事故现场进行了半个小时的紧急救援，因抢险及时，无一人伤亡，将事故损失控制到了最低程度。2015 年 12 月 26 日，南嘴镇居民楼四楼某户居民因电火炉使用不当，发生了火灾。赵新华带领救援队及时赶到事故现场进行紧急救援，无人员伤亡，火源因扑灭及时，没有扩散。2015 年春，南嘴渔村船厂某挖沙船职工不慎落水，水域水流湍急，打捞困难，赵新华带领救援队经过一个星期的搜救打捞，终于在距离事故发生地二十公里处的水域打捞出了尸体。2016 年 9 月，沅江市共华镇白沙乡，五个村民乘坐小型铁船在外河捕鱼，因天黑视线不佳，操作失误发生了沉船事故，其中一村民因救援他人，自己体力不支落水身亡，赵新华带领救援队经过两天两夜的搜寻打捞，终于在十几米深的水域将尸体打捞上来。2017 年 5 月 13 日，益阳市资江一桥下，四名儿童在河边戏水，三名儿童不慎落水。赵新华带领二十名队员，装载着冲锋舟、救援钩等救援设备，事发仅两小时就赶到了事发现场。经过两天三夜的打捞，由于水下地形复杂，水流湍急，三名落水儿童最终于 16 日被打捞上来。

救援队成立以来，几乎每月坚持为青海、四川、西藏、湖北等贫困地区寄送衣物，为贫困学校捐送学习用品。每年九月初九，赵新华带领自己的团队为南嘴镇敬老院的老人们送去节日的问候，举办捐资义演活动，还不定期为老人们送去鱼、肉、衣物、米、油等。赵新华不仅为南嘴镇的老人送去了关心，他还给南嘴的孩子们送去了一份关爱。学校举办活动，赵新华义务提供设备援助，并亲自参与舞台搭建、设备调试。

经常有人问：“赵新华，你做了这么多事，图的是什么？”

“不为名，不为利，不图回报，只希望带动更多的人，献出自己的爱心。”这个不善言谈的汉子如是说。

做公益事业，一天、两天并不难，难的是长久坚持，持之以恒。赵新华就是这样默默付出精力、财力和时间，无私奉献热心、爱心和真情。几年来，他和队员们围绕敬老、扶幼、助残、环保、助学、赈灾、募捐等开展各类公益服务活动，长期为社会各类弱势群体提供爱心服务。他们的义举数不胜数，他们做了多少好事，花了多少钱，连他们自己都没有数，因为不图回报，所以也从不把自己做的好事放在心里。

夕阳闪亮照后人——汪英俊

汪英俊，男，84 岁。原三眼塘区株木山村党支部书记。

1967 年至 1986 年，汪英俊在当地整整当了 20 年支书（大队长）。那时还不叫胭脂湖村，叫株木山村。20 年“主政”一方，他劳心劳力克己奉公，积累了很多农村工作经验，留下了很多深层次的思考。他为人随和，喜欢记笔记，也喜欢吟诗唱和。他用一生的无私奉献赢得了村民的尊敬和爱戴。如今，这位耄耋老人依然不忘发光发热，用闪亮的夕阳之光映照后人。

一、感党恩教化后人

汪英俊老人对毛主席十分爱戴，还用自身行动影响和教育后人敬重毛主席。2018 年 6 月 15 日，他耗资 1.2 万元，自费托别人从南京敬请一尊毛主席巨像（高 1.83 米），敬立于村党支部大会厅。且每年正月初一，携家人到村会议室、毛主席像前拜年。

从 2012 年起，他自掏腰包奖励好学奋斗者，用微薄的收入赞助勉励年轻人。全村考上清华北大的奖现金300元，考上一本的奖现金200元，考上二本的奖现金100元，年年如此。

二、敬老尊贤及人之老

首先是孝敬父母，包括岳父母、舅父母。岳父中风瘫痪，在他家住了一年多，他那时还很困难，并未收舅子们一分钱粮。并且住在他家还要从楼上背下又背上。到卫生所治病，他用板车拖来拖去，毫无怨言。岳母因小舅子建房，也在他家住了一个多月，他将岳母服侍得很周到。岳母回家后，临终前一天，还要到汪家湾（即他家）来一趟，他用人扎的竹轿子同他的满弟抬来送去，满足了岳母临终前的最后心愿。

对待别人家的老人，他也能一视同仁。对待全村五保户如亲人一般，家里办喜事，就请全村五保户共进午餐，并派大老弟汪英毅用车接送。2003年汪家湾成立族委会时，唱戏三天，他还接了文龙桥的两个五保户来他家吃中餐。而在每年正月初一先给毛主席拜年，然后再到五保户家看望，每人给红包50元，嘘寒问暖，年年如此，展现了一个老党员不平凡的道德模范形象。

三、救死扶伤以身作则

教师黄君玉的婴儿患急症重疾咽喉炎，即蛾子，封喉即死。当时狠抓阶级斗争，黄老师出身不好。校组长胡楚才，不敢批准带孩子去诊治。而他得知，赶赴学校将孩子急送医院，保住了一条幼小生命。后来这孩子考上大学，母子专门来他家拜访。1983年大队会计李少奇病入膏肓，奄奄一息。他立即组织全村党员和队长开会，号召旅差费、生活费自理，送李少奇到市医院诊病，且轮流值班照顾，共住院一个月零七天。郭少保母亲肖芝兰，患严重骨髓炎，命在旦夕。加之家庭人口多，又困难。当时汪英俊正在县里开会。有人提醒肖芝兰的大女儿赶快去找正在县里开会的汪英俊，她马上动身，见了汪支书述说了来由。他马上请示，找民政局、信用社，动用一切社会关系，筹措资金。同时还派合作医疗的医生汪茂才，专诊专治三昼夜，痊愈才出屋。去年汪支书到郭少保家闲聊时，郭少保深有感慨的说:“感谢您，汪支书，您救了我母亲的命”！

四、移风易俗走在前列

“不与活人争地，不用道士，不唱孝歌，不请纸扎，不请地生。孝子不穿孝衣，不戴孝帽孝服，胸前就别白花一朵，手臂戴青袖章一个。亡者不穿寿衣寿服，不盖子孙被子几床，就盖党旗一面，穿我平常最喜欢的衣裤。一句话，不搞封建迷信。”他叙说的这些承诺都是在市政府公示之前，他就做出了决定。2016 年 10 月，他向胭脂湖街道老党员写了一封“丧葬改革倡议书”。沅江电视台、益阳电视台于 10 月 20 号、22 号先后做了报道。

五、编书撰稿传承后人

邻居汪玉成老师就经常和他在一起唱和诗词，推敲楹联。汪玉成老师还送过一支钢笔给他，并赠联一副:“湾中大手笔，党内小支书”。汪英俊就用这支笔陆续编写了《中国近代大事年表》《历代帝王年表》《中国国共两党中央及当地领导人年表》《株木山解放后大事年表》《我的心声》《忆生平点滴》《胡姓名人选录》《株木山典型（座谈材料）》等书籍和文稿。

优秀基层党支部篇

四季红镇阳雀洪村党支部

阳雀洪村位于沅江市四季红镇，2017 年村“两委”换届以来，阳雀洪村坚持以发展为第一要务，进一步加强党的基层组织建设，抓重点、补短板、强弱项，党群齐心，积极投身于各项村级事业建设，用辛勤汗水“拼”出一条美丽乡村发展新路，为全面实现农业强、农村美、农民富奠定坚实基础。近年来，阳雀洪村先后获得“2019 年沅江市农村人居环境整治十佳村”“2019 年沅江市精神文明建设文明村”“2020 年沅江市基层党建红旗村”等荣誉称号。

狠抓队伍建设，强化示范引领。党支部建设是基层工作的“火车头”，在整个基层党组织建设中起着重要作用，必须始终作为基层党组织工作的重中之重去抓实抓好。一是建好班子队伍，凝聚班子向心力。发挥党支部书记示范带头作用，强化政治担当，落实管党治党政治责任。团结共事，班子成员协调商量重要事情，顾全大局，求同存异，团结互补、和谐相处，村“两委”班子整体战斗力明显增强，逐步得到了村民的信任和支持。二是建好党员队伍。开展党员夜话，变“等着干”为“主动干”。通过茶话会的形式，组织在家党员进行党员夜话，围绕“我要做什么、能做什么、怎么做”，与党员面对面交流，使党员成为谋划者，变被动为主动。开展党员义工，变“一个人”为“众人”；成立党员志愿者义工队，结合党员亮身份、党员积分制管理、流动红旗及党员争优等，发动党员出义务工，组织开展村庄清洁、义务植树等志愿活动。2018 年以来，全村党员干部及群众累计贡献义务工 2400 多天，充分调动了党员的干劲和村民参与的热情，形成了“党员干部带头、村民共同参与”的乡村治理模式。

强化党员教育，增强党性观念。农村基层党组织是党在农村工作和战斗力的基础，关系着党的路线方针政策能否在农村基层贯彻执行。阳雀洪村党支部始终加强党员教育，不断提升党员整体素质。一是扎实开展学习教育，提升思想素质。阳雀洪村党支部按时有效地组织村支两委成员、党员和村民小组长开展思想政治教育。多次学习党章、党规以及习近平总书记的系列讲话，针对所学习的内容，要求党员深入讨论，通过学习讨论，使全村党员干部清醒地认识到我为什么要当党员干部，当党员干部要为人民群众干什么，自觉把自己的思想认识摆到正确的位置，进一步提高了党员干部为党工作，为党增光，发展村集体经济的新思想、新观念。二是扎实开展党员主题活动，激发活力。在党员教育活动中，阳雀洪村党支部充分利用党员活动日的有利时机，分层次安排好党员教育活动，做到形式多样，内容精彩丰富。积极开展党员志愿者活动，组织党员干部义务植树、村庄大扫除及文明劝导等；组织党员、村组长前往新化县油溪桥村观摩学习，实地考察乡村发展的工作做法及成果，充分激发了党员干部的干事热情。

实施“党建 +”模式，全力助推发展。近年来，阳雀洪村坚持以基层党建为抓手，大力实施“党建 +”的联动模式，全力推动农业农村现代化高质量发展。一是“党建 + 文明建设”引领文明风尚。利用村村响、微信平台等方式，结合村规民约及“五星家庭”“美丽庭院”“文明家庭”等评比活动，引导村民养成文明健康的生活方式。2020 年 5 月 1 日开始，全村禁止燃放烟花鞭炮，不仅优化了村民居住环境，还节省了村民的开支，有效遏制了村民之间攀比、铺张浪费的不正之风；推动党支部和广大党员争当绿色先锋，在卫生检查评比过程中，党员用红色字标出，强化责任意识、突出模范作用；每月 9 日主题党日活动，在家的党员主动参加党日活动、参与人居环境整治义务劳动，全村 48 名党员分为 12 个卫生小组，组织党员带头清扫公共区域卫生，清洗沟港渠道、绿化村级主干道等活动，村民负责清扫房前屋后卫生，充分调动了党员干部的积极性，让党旗高扬在提升人居环境的热潮中。现在，阳雀洪村级公路两旁实现绿化全覆盖，村容村貌焕然一新。二是"党建 + 产业发展"助力村民增收致富。发展稻虾产业，通过采取"支部 + 合作社 + 贫困户 + 村民"的模式，优先贫困户参与土地流转和稻虾养殖，使贫困户变身"三金"农民，实现了土地流转收"租金"、企业务工挣"薪金"、入股合作社分"股金"。2020 年，实现全年创收效益 800 余万元，村民人均增收 1000 元；立足特色，由村支部牵头创办阳雀洪印刷有限公司，将党支部建在了产业上。根据四季红镇腐乳产业的特色，建成阳雀洪印刷有限公司，主营各类农副产品包装盒、礼品盒、彩色印刷和办公打印纸，利益联结全镇贫困户 102 户 280 人，贫困户保底分红 200 元 / 人 / 年，产业运行第一年在短短的几个月时间内为村级增加集体收入 6 万余元，既解决了剩余劳动力的就业问题，也大大增加了村级集体的经济收入。三是"党建 + 乡贤"助力乡村建设。由村党支部牵头，组织能人志士召开群英会，围绕乡村发展，就如何增加村集体收入、形成"造血"功能等建言献策，形成了"全村一条心"，上下同心，共谋乡村振兴大计的强大合力。同时，村党支部积极鼓励乡贤参与扶贫济困、结对帮扶、孝老爱亲、捐资助学等活动。2019 年，借助群英会，筹资 8 万元用于教育助学基金等公益事业及村内组织建设活动，为阳雀洪村经济社会发展发挥了积极作用。

沅江市莲花塘学校党支部

莲花塘学校始建于 1922 年，位于老城区，几年前，城市的快速发展也让这所百年名校面临着发展的瓶颈，如何让老牌名校焕发新的光彩，重振昔日雄风？学校党支部决定以党建引领学校建设，以党组织的战斗堡垒作用驱动学校持续健康发展。党支部多年来坚持“党建品牌创建与学校品牌创建相结合、强化党员队伍建设与引领莲馨教师队伍建设相结合”的党建工作思路，把学校党建文化与“莲馨文化”高度融合，形成了“莲馨”党建特色品牌。

莲馨沁师心，党建引领有高度。师德涵养，传承精神。党支部立足新时代教师职业要求，开展“教师宣言”“师德师风承诺”“重温党的光辉历史，牢记党的初心使命”红色基地学习活动 、“莲馨传承 我心向党”演讲比赛、“你我同行 精彩无限”年终教师会、“最美重阳 与国同庆”庆祝活动等系列师德涵养活动，倡导老师争做“四有好教师”；抓好党员教育“四个一”活动，发挥先锋模范作用和筑牢战斗堡垒。师德标兵，引领价值。党支部发挥评价导向功能，每年组织评选校级“师德标兵”，树立师德榜样。评选过程公平公开，开展“我身边的师德榜样”系列活动，讲述师德标兵们的感人故事，营造了崇尚师德师风的校园新风尚。

莲馨润童心，党建融合有深度。思政教育，立德树人，助力成长。党支部坚持德育为魂，把思政课程建设作为全面贯彻党的教育方针的重要抓手。加强对思政课程的领导、思政队伍的建设。学校坚持开展“文明习惯养成”德育项目，在细微处养德，从规范中立德，提升学生素养。同时丰富德育课堂，每周一升旗仪式、“莲馨少年”大评比、开笔礼等活动，让每个学生站在舞台中央，在活动中涵养品德。

“三红”工程，童心向党，茁壮成长。学校重视用红色文化对学生进行思想品德教育。开展红色文化黑板报、手抄报比赛，读好书，征文活动等，让学生重温革命经典。开展红色教育，以丰富学校内涵，推动党建文化建设。党支部开展的“植树活动”“建设绿水青山”“释放关怀送温暖”等活动，都组织学生一起参与，学生能参加有特殊意义的党建活动，得到心灵的洗礼，在心里埋下了积极向上的种子。争做红色传人，每学年学校都开展“热爱红领巾 做个好队员”主题班队会评比，开展“红歌赛”“献礼十九大”“红旗飘飘，引我成长”演讲比赛，此外，还定期邀请退伍革命军人到校进行专题讲座，通过活动，帮助学生认识到只有坚持在中国共产党的领导下才能让祖国越来越强大。

家长学校，家校共育，陪伴成长。根据学校实际，学校将家庭教育作为一种重要的动力系统来开发，成立了家长学校，对全体家长进行培训，学校还自编了《莲花塘学校校本教材家风家训》《家庭教育案例集》《新家长“五十问”》《家庭教育指导手册》等校本教材。并以活动为载体，精心设计家长开放日、家长进课堂、感恩教育、亲子活动、利用互联网搭建互动平台等共建学校的特色，密切了家庭与学校的关系，形成了教育合力，广受家长好评。

莲馨践初心，党建服务有力度。疫情当前，温暖守护。开展行政蹲点服务日等活动，抓好班子队伍建设，切实服务一线教师。在2020年初新冠肺炎抗疫中，党支部书记统领全局，全体行政值班值守不敢懈怠，党员王小界、谷斌兵主动请缨让人感动。双向培养，助力发展。“一个党员，就是一面旗帜。”为充分发挥党员教师的先锋模范作用，支部根据不同年龄层次的党群教师职业发展的特点，通过开展多种形式的活动，让优秀的人培养更优秀的人。如：青年教师，为帮助他们早日成为学科骨干，党支部联合教导处为他们实施“青蓝工程”计划，指导教师由经验丰富的党群教师担任；中青年教师，通过打造市区“卓越教师”“红花教师”，为他们创设更高的发展平台；老教师，激励他们发挥余热，邀请他们上示范课，传授宝贵经验。

莲馨怡人心，党建活动有温度，志愿服务暖人心。党支部坚持服务为民,以主题党日活动为契机,组织全体党员教师进社区服务。开展了“新年心语寄真情”“走进社区 关爱老人”“不忘初心 服务为民”向敬老院孤寡老人赠送礼物、“美丽沅江 五城同创”党员志愿服务等活动。精准帮扶助成长。党支部关注弱势群体，开展了活动，开展党员结对帮扶活动。每个党员牵手一至两名贫困学生，深入班级一月一次谈心。“爱心护学 情满校园”“特别的爱给特别的你”爱心直通车等，通过活动，及时为建档立卡贫困学生送上口罩、书籍、笔和作业本。此外，党支部还争取社会资源，开展了“牵手泉奇 爱满校园”“爱心护学 情满校园”等慈善捐赠活动，以此激励贫困生好好学习。城乡联盟共发展。为提高优质教育资源的覆盖面，切实推进义务教育优质化、均衡化的进程，学校响应市局精神，通过教师交流、研训同步，资源共享、文化共建等途径和结对学校共织城乡教育梦，同筑办学路，让更多的学生享受到了优质公平的教育。

躬逢盛世，这是属于我们的时与势；万里路遥，这是赋予我们的担与责。心之所向，行之所往。心有所信，方能行远！莲花塘学校党支部将继续提升基层党组织的政治领导力、思想引领力、群众组织力，涵养风清气正的政治生态，营造和谐稳定的良好氛围，开创齐心实干的工作局面，为建设高质量的教育体系，办好人民满意的教育提供坚强的政治保证和组织保障！

新湾镇周公湖村党总支

周公湖村现有人口三千余人，党员108人，在新湾镇党委的正确领导下，认真学习党的十九届五中全会精神和习近平总书记系列重要讲话精神，扎实开展“学党史，为民办实事”学习实践教育活动，不断加强总支作风建设、积极围绕中心，服务大局，在全体党员同志们的共同努力下，开创了党建工作新局面，树立“为民、务实、清廉”工作作风，加强党总支建设，充分发挥基层党支部战斗堡垒核心作用和党员先锋模范作用。党总支带领全体党员群众为周公湖村建设和发展做出了积极贡献。

加强政治学习，不断提高班子成员政治素质。党总支认真抓村领导班子的思想作风建设，学习新理论新思想，及时传达贯彻党的路线方针政策，认真执行上级工作部署。班子成员职责明确，团结协作，相互支持，对照上级要求找差距，提出整改措施，坚持结合工作实践提升思想作风水平。总支领导人员整体素质较高，能坚持贯彻上级组织的决议，团结协作，廉洁勤政，联系群众，当好表率，在工作实践中，努力做好乡村振兴带头人。思想教育与理论学习是党组织工作的核心，是党组织建设、发展的动力，党总支始终将其置于工作首位，努力将党建工作推上一个新台阶。

加强党员教育管理，增强党组织战斗力。一是以开展“乡村振兴”“学党史、重温入党誓词，为民办实事”等主题教育活动为契机，做到了高标准、高质量、高要求，认真开展政治理论学习和政治思想教育，通过学习使全村党员干部在政治上、思想上、行动上与党中央保持一致，加强党的路线、方针、政策等知识的学习，增强了党员的党性观念、大局意识和政治敏感性。政治理论水平、思想道德素质、综合能力得到提高，基层党组织的战斗力进一步加强。经常开展组织生活会和座谈会了解党员的思想，在党员中开展批评与自我批评，及时解决党员队伍中存在的问题。全体党员都能立足本职工作，勤奋吃苦，保持党员先进性。二是进一步完善村党务工作制度、廉政建设制度、“三会一课”制度、组织生活会制度等，在此基础上新增了一门式限时办结制度，使党员管理和党总支的各项工作迈上了更规范化、制度化、民主化的轨道。把制度落实到对党员的教育、管理、监督等各个环节当中，并通过自我评价与群众监督相结合、定期考核与不定期抽查相结合，将各项制度落实。不断强化党员的服务意识，积极践行“为人民服务”的初心。三是加强对党风廉政建设。认真落实党风廉政建设责任制，加强党性党风党纪教育。党员干部认真执行党章及廉洁自律的各项规定，通过组织观看廉政警示教育片，同时开展广播、座谈会、宣传栏等多种形式进行宣传教育。警醒广大党员干部时刻牢记党的宗旨，廉洁奉公，有效地推动了村里的党风建设。四是狠抓队伍建设，严把发展党员入口关。制定全年党员发展计划，做好党员的发展工作，加强对先进青年的培养考察，加强对入党积极分子、预备党员和新转正党员的教育管理工作，在组织发展上始终按照“坚持标准、保证质量、改善结构、谨慎发展”，正确处理党员数量和质量的关系，永葆党组织的朝气活力和战斗力。2021 年发展 3 名入党积极分子，1 名发展对象，1 名预备党员，为党组织输送了新鲜血液。

以党建促发展，积极为群众解决实际问题。通过深入开展党的群众路线教育实践活动，形成了党员干部党性强、作风正、实事求是、密切联系群众的工作作风，党员干部树立牢固的服务意识，把党的工作和中心工作有机结合起来。坚持“党建 +N”抓好党建促发展，各项工作成绩显著。党建 + 关爱留守儿童。党员干部走进留守儿童家庭，进行慰问、心理辅导，对有困难的儿童，提供切实帮助，给予关心关爱，督促在外父母加强对儿女们的关心，呵护留守儿童健康成长。党建 + 精准扶贫。实行工作组包户，党员干部包户的责任制度，给予贫困户资金和农业技术等指导服务，2020 年底全村 67 户贫困户，已全部脱贫。党建 + 人居环境整治。积极组织村组干部、党员群众开展人居环境整治工作，取得显著成绩，2019 年、2020 年连续两年被评为人居环境整治先进单位。党建 + 禁捕退捕。党员带头，发挥模范作用，结合河长制，制定巡查制度，本村未发生一例村民非法捕捞行为。党建 + 疫情防控。严格落实返乡人员登记制度，做到登记不漏一人，全面排查；为了新冠肺炎疫情能得到有效控制，保护群众的身体健康，疫苗接种期间，党员干部深入农户家中，挨家挨户给农民做思想工作，鼓励动员村民积极打疫苗，对年老体弱人员，党员干部免费车接车送，点对点服务。党建 + 促就业。为了进一步提升农民的劳动技能和就业能力，帮助在家的劳动力尽快实现就业，周公湖党总支积极筹备组织，邀请职业培训学校老师为村民进行就业技能培训，仅仅三次培训获益村民高达 150 人。村党总支不仅邀请老师进村授课，还积极主动地为村民推荐就业岗位，缓解就业压力。党建 + 平安创建工作。基层服务型党组织，创新群众自主自治模式，党员带头做好法治、儿童防溺水和用水用电等知识宣传，提高群众法治意识和安全意识；完善周公湖网格化服务管理平台，零距离及时处理群众诉求。党建 + 新农村建设。2020 年村里启动“一门式服务”，村民办事更加便捷，继续完善基层设施道路硬化 4 公里，2021 年完成九臂樟古树景点周边的绿化工程，100 亩柑桔园品改正在进行中。通过“围绕党建 +N、抓好党建促发展”，实现了农民增收、经济发展、稳定和谐的良好局面，被授予市级优秀基层党组织荣誉称号；周公湖村先后被评国家森林乡村、沅江市文明村、沅江市五四红旗团支部等。

“一个总支就是一个堡垒，一名党员就是一面旗帜”。村党总支一班人一心一意带领群众谋发展，在新时代乡村振兴的道路上继续扎扎实实为群众办实事。

茶盘洲镇鹅洲村党总支

茶盘洲镇鹅洲村党总支下设2个党支部，共有党员80人。在镇党委的正确领导和指导下，村党总支部以全面贯彻党的十九大精神、习近平总书记重要讲话精神，以增强党员意识、提高党员素质、构建党员队伍建设长效机制为重点，紧紧围绕村基层组织工作，服务群众，不断增强党员队伍和基层党组织的创造力、凝聚力和战斗力，为构建和谐生活发展提供坚强的政治力量和组织保障。

注重抓班子强引领，促党组织凝聚力。注重党支部班子建设，提出打造学习型、创新型、服务型、效能型、和谐型、廉洁型“六型”班子，发挥其政治功能，形成凝聚人心，推动发展的良好局面。一是树立“动力源”理念抓学习。采取每周党史学习，每月党性教育和党员活动日集中学习党章党规、习近平总书记系列讲话、扶贫政策、经济知识和先进典型。二是树立规距意识抓行为。结合实际制定民主决策、廉洁自律、联系群众等制度，健全了党支部党员教育、党组织生活、村级议事、村干部值班、四议两公开等制度，通过立规矩定制度，以制度管人管事，提高班子抓落实的定力和效力。

注重抓队伍强服务，促党组织向心力。一是积极开展“双带”活动。村“两委”干部在带头致富的基础上带领群众致富，涌现出了“水稻种植大户”“稻虾养殖大户”“莲藕种植大户”等“双带”型“两委”村组干部。二是不断创新“党员＋群众”精神文化活动模式。利用各种节庆日，突出主题，党员带头，群众参与，举办了春节晚会、送戏下乡会演、关爱留守儿童及党群运动会、正能量故事会、学党章学党史等，向上向善的新风尚进一步弘扬党组织及广大党员与群众的亲和力、融合力。三是抓紧抓牢党员活动强意识。每月定期开展党员活动，要求全体党员戴上党徽亮身份，增强党性意识，加强约束，提升服务。认真组织驻村工作队、第一书记、镇领导、广大党员自觉参加，群众代表积极参与，活动内容丰富了，党员形象树立了起来，群众“跟党走”的意识强了起来。四是结合党史学习教育“我为群众为实事”实践活动，开展“党旗在基层一线高高飘扬”活动热流潮，村组干部通过开展打造一个党建亮点、办民生实事、“强堡垒 夯基础”行动，“为民代办”行动、“强队伍 提素质”行动、“人居环境”行动、“党员亮身份”行动等充分发挥基层党组织战斗堡垒作用、党员领导干部表率作用和广大党员先锋模范作用，担当作为，创新实干，为建设鹅洲村共同努力。五是积极组织庆祝建党100周年系列活动。在庆祝建党100周年前夕，鹅洲村党总支部召开专题会议，研究庆祝纪念活动，决定采取“五个一”方式，动员全村干部群众参与到庆祝活动中来。即：举行一次手抄党章评比活动；举办一次“学习党章、遵守党章、维护党章”书画展；举行一场“庆七一、稳脱贫、感党恩”、文艺晚会；开展一次困难党员慰问活动；发展一批新党员。

注重抓机制强管理，促党组织执行力。一是党员管理常态化，注重在村组干部、致富能人、退伍军人和回乡创业知识青年中发展党员，为党组织输入新鲜血液，进一步优化党员队伍结构。同时，加强流动学员管理，使他们有“归属感”。二是党员积分管理长效化。抓好党员积分管理工作，及时公示公开，实行台账管理，接受群众监督，2021年以来，党员累计办实事好事300余件，受到群众一致好评。三是“基层四项制度”规范化。为进一步改进作风、密切联系群众，通过落实基层民主科学决策制度、矛盾调解化解制度、便民服务工作制度、党风政风监督检查制度这四项基础制度，调动群众积极性，激发村组干部热情，为稳固脱贫攻坚战注入了动力。

注重抓监督强保障，促党组织战斗力。认真落实党委的“主体责任”，重视纪委的“监督责任”，严格遵守村干部不得违反16项管理规定，有效解决了推诿扯皮、消极怠工等问题，激发了村干部的工作热情。自2017年以来，连续荣获“先进基层党组织”“计划生育工作先进单位”等荣誉称号，如今鹅洲村党总支部正带领着全体党员干部用最敬业的精神、最出色的成绩为鹅洲村的发展谱写新篇章。

南洞庭湿地保护与发展事务中心永胜管区党支部

南洞庭湿地保护与发展事务中心永胜管区位于南洞庭腹地，全管区共有5个小组，共507户，户籍人口1171人，耕地面积765亩，共有党员44名。建档立卡贫困户45户，低保户16户，五保户4户，近年来，在沅江市委、市政府和南洞庭湿地保护与发展事务中心党委的正确领导下，管区党支部以习近平新时代中国特色社会主义思想为引领，以经济发展为重点，以改善民生为目标，扎实工作，勇于担当，为乡村振兴奠定了良好的基础。管区党支部书记张克明带领全体党员和群众，围绕“抓好党建促经济”的指导思想，切实加强自身建设，扎扎实实为群众办实事、办好事、谋发展，使管区呈现班子稳、人心齐、人民群众安居乐业的良好局面。

抓党建强队伍，形成坚强领导核心。基层党组织是联系干群关系的桥梁与纽带、党执行力的重要保障。永胜管区党支部严格落实从严治党要求，不断强化党支部的领导核心作用，并通过规范落实“三会一课”

制度、主题党日活动等，提高了党员的思想认识和责任担当，使党支部真正成为教育党员的阵地、攻坚克难的堡垒。首先是班子团结，在管区支部书记张克明的带领下，每周都会召开两委班子成员碰头会，相互沟通，并安排好本周工作重点；其次是党员教育，每月定期开展党课教育，以此提高党员的思想认识，提高责任担当，在工作中遇到难题、难事，共同商讨，共同解决，以此得到了广大群众的认可，使工作得以更好的开展。

提升党员综合素质，培养新发展理念。抓紧抓牢党员活动强意识。每月定期开展党员活动，要求全体党员戴上党徽亮身份，增强党员意识，加强约束，提升服务。注重党员管理常态化。在管区致富能人、退伍军人和回乡创业知识青年中发展党员，为党组织输入新鲜血液，进一步优化党员队伍结构，同时，加强流动党员管理，为他们送学上门，督促他们学习党的各项规章制度、新的思想。组织党员进行冬春训，认真学习从中央到地方的各类最新政策和重要讲话精神，保证与当下理念不脱节，做到与时俱进。抓好党员积分管理及党费收缴，及时公示，实行台帐管理，接受群众监督。坚持开展民主评议党员活动。通过开展批评与自我批评、自查自纠、支部考评、党员自评、群众测评等方式，使党员的党性观念、表率作用得到进一步提升。每年全体党员都会进行新一年度公开承诺，两委班子成员积极做出承诺，设定践诺期限，在村务公示栏进行公示，接受广大党员群众的监督。

抓投入惠民生，改善农村人居环境。近年来，永胜管区党支部坚持以发展和创新为主题，围绕美丽乡村建设，在基础设施建设和改善人居环境上狠下功夫，筹措资金近 113 万余元，修建村级公路 860 多米，修护旧公路 1.5 公里。进一步完善了村级各项功能配套设施，丰富群众文化娱乐场所。支部班子成员带头并发动群众积极参与整治房前屋后、沟管渠道的清理，要求不留死角，干净整洁，开展评先评优，提高群众参与度和积极性，使管区面貌焕然一新。进一步改善了群众的生活水平，提升了群众的获得感、幸福感。老百姓说：“管区这几年变化很大，跳舞有广场，打球有球场、学习有图书室，现在门前修了柏油路，真是一年一个样！”管区发展，农民增收，就是党员干部的职责，就是创先争优的目的。管区党支部班子千方百计开辟增强农民收入渠道。管区班子成员刘青波带头群众建立青波稻虾养殖合作社，解决部分人的就业，并给贫困户分红，充分彰显共产党员先锋模范带头作用。

永胜管区党支部每年都会慰问困难党员和群众，询问他们的困难和难处，听取他们的建议和意见，解决他们的实际问题。大力开展志愿者服务活动，让党员积极参与到志愿服务活动中来，成立了义务消防队、疫情防控宣传队、殡葬改革宣传队、红白理事会等，全心全意为民服务。永胜管区党支部把群众最需要、最关注、最想办的事，作为党组织和党员的工作重点，尽心尽力，抓紧抓好，把为民服务落在实处。在上级党组织的领导下，永胜管区党支部立足“权为民所用、利为民所谋、情为民所系”的工作理念。紧紧围绕全面推进美丽乡村建设这一工作重心，认真履行职责，在各方面都取得了可喜的成绩和诸多的荣誉。2016 年被评为沅江市先进基层党组织，2017 年被评为益阳市示范妇女儿童之家，2018 年被评为省级妇女儿童之家，2019 年被评为益阳市美丽乡村，2020 年被评为沅江市红旗村。

绿草繁盛，空气清新，如今的永胜支部强了，永胜管区环境美了、群众富了，但发展的脚步却从未停歇。勤劳朴实的永胜人，乘着党的“十四五”规划的东风，永胜管区党支部将继续带领全管区党员群众坚定不移地以新发展理念为指导，牢固树立为民服务的思想，齐心协力、求真务实、勇于创新，撸起袖子加油干，共同建设美丽幸福新永胜。

南嘴镇兴南村党总支

兴南村隶属于沅江市南嘴镇。全村面积 7700 多亩，包含 10 个自然村，6 个村民小组，共 548 户 1958 人。其中，五保户 16 户 21 人、低保户 13 户 25 人、贫困户 39 户 74 人。全村下设 2 个党支部，共有共产党员 82 名，其中包含流动党员 19 名。近年来，兴南村积极发挥党支部的战斗堡垒作用和党员先锋模范作用，以富民强村为中心，较好完成了上级党委交办的各项工作任务，使全村各方面工作取得了新成绩，实现了新飞跃。

抓班子带队伍，提升为民服务水平。一是认真做好党建工作。定期组织开展三会一课、民主生活会、村述村评、主题党日等活动。充分利用远程教育、红星云、学习强国等学习平台，深入学习党的十九大精神和习近平新时代中国特色社会主义思想、党章党史和党的基本路线方针政策，不断提高党员的政治素质和理论政策水平。二是加强党员队伍建设。兴南村历时 2 个月顺利完成了村支“两委”的换届选举工作，选出了兴南村年轻有活力、能干有文化的优质班子成员，党员队伍建设不断加强。三是积极培养后备党员干部力量。近五年来共发展党员 3 人、预备党员 1 名、入党积极分子 2 人，充实了党组织的力量，补充了新鲜血液，并将致富能手，返乡创业人员，复转军人，文化高、发展潜力大、有理想、有志向的优秀人才，列为后备力量培养考察的对象。四是进一步完善农村基层治理工作。切实发挥议事会的“决策、议事、监督”作用，规范、深化村务、党务公开，增加了工作透明度，赢得了广大群众的理解和支持，增强了村支“两委”的号召力、凝聚力和战斗力。五是持续加强场地建设。兴南村设立了高标准的村级便民服务中心，加强“一门式”服务，不断完善便民服务室、图书室、党员活动室、会议室等场所的功能，充分发挥其提高群众文化素质和思想道德素质的作用。

抢抓乡村振兴发展机遇，推动经济快速发展。一是，通过党员干部带头，实行土地流转，推进柑橘品改 1500 多亩，主栽黄金贡柚、红美人、脐橙，以“公司 + 合作社 + 农户”模式，建立高标准柑桔产业园。二是，引进外资，以罗家塘为中心，修建以垂钓、农家乐、民宿打卡、观光农业为一体的休闲特色庄园，为兴南村乡村振兴打下坚实的基础。三是，壮大村级集体经济收入，合理利用上级发展村集体经济奖补资金，入股到本村辖区益阳凯盛化工有限公司科技分公司，由公司按年给予村集体固定分红 9.6 万元。对村集体水面、洲滩、林地等已经签署的各种承包合同或协议进行认真清理审查，修改和完善、为村集体经济增收 18.88 万元。

加强基础设施建设，改善群众生产生活环境。一是加强水利建设。2017 年加固修建拦洪坝 2000 多米；2018 年山塘清淤护坡，增加容量 1 万多立方米，电排渠道清淤 1000 米；2020 年新建起搏式排水闸一座；2021 年电排、排水阀、两处涵闸进行维修，确保基本农田防涝抗旱保收，大大增加了群众的收入。二是绿化亮化工程。周家村片与张家村片 5000 米公路进行了绿化，安装 7 米太阳能路灯 345 盏，全面美化了道路环境，提升村民幸福指数。三是道路硬化建设。2019 年经益南高速、指挥部、施工单位、天下洞庭等单位协商对 3500 米兴粮路进行硬化，2020 年争取硬化指标硬化公路 2700 米，全村实现户户通，村民出行有了保障。四是切实落实人居环境整治工作。镇里安排专门清运公司保洁队伍外，村委另行安排四名保洁员负责全村路面的清扫，并集中购买垃圾桶 350 套，固定安装到户，全面清理空心危房，保证道路两侧整齐、洁净的标准。五是加大土地综治工作与殡葬改革力度。有效改善了群众居住环境，提升群众宜居感、舒适感、美化感。

加强惠民政策，保护群众身心健康。一是全力加强疫情防控，有序组织群众接种疫苗。新冠肺炎疫情防控工作进入了常态化防控阶段，为了保障人民群众生命安全和身体健康，国家实行全民免费接种疫苗，我们的党员充分发挥战斗堡垒和先锋模范作用，成立志愿队伍，有序组织群众接种疫苗，5 月份完成全村 40% 人口第一剂针疫苗接种，6 月份将完成第二剂针疫苗接种，全民共筑免疫屏障，守护自身和家人的生命健康。二是做足做好预防青少年溺水工作。夏季是未成年人溺亡事故的高发期，为进一步强化青少年防溺水安全意识，严防青少年溺水事故的发生，我们加大宣传力度，下村发放“珍爱生命　远离溺水”倡议书 218 份，讲解溺水防范知识，要求加强青少年儿童的监管，树立安全意识，组织辅警和巡逻队开展巡查，避免溺水事故的发生。三是切实抓好综治维稳工作。全村分 6 个区域对村民进行网格化管理，进行全民普法教育，加强流动人口的管理，狠抓安全生产和消防安全，维护信访稳定工作，排查纠纷，处理矛盾，严厉打击邪教组织、黑恶势力，切实履行“保一方稳定，促一方发展”的政治责任，全村辖区内无发生影响社会稳定的政治事件，无非法传销和变相传销，无集体上访事件，无重大安全责任事故，及时化解和妥善处理各类社会矛盾。四是全面落实惠民政策。争取资金解决老党员、老干部、退伍军人、特困群众的实际困难，2008 年起村代缴 80 岁以上老人农村合作医疗费，对 90 岁以上老人加以慰问，大大加深了村干部与群众之间的感情，给真正有困难的群众送去了关心与温暖，特别是 2021 年 6 月，五保户袁云发的护理与丧事处理，得到了群众的好评。

南大膳镇南大社区党总支

南大膳镇南大社区位于南大膳镇镇中心，成立于2002年6月，由原沿河、胜建、联丰、团结、新河口五个街道居委会合并而成。辖区现有户籍人口6007人，常住人口近2万。下辖10个居民小组，3个农村集贸市场（南渔、小波、堵堤），现有正式党员156名，2021年发展发展对象2名、入党积极分子2名。

以加强思想政治教育为先导，抓好党的思想建设。第一，建立学习型党组织，牢固树立理想信念。开展多种形式的团队学习活动，努力创建有文化、有品位、有特色的学习型基层组织。2021年组织社区两委班子成员和社区所属四个支部党员，开展了两次党史学习教育和省委组织部开办的新春第一课、第二课、第三课集中学习。通过学习使所有参加学习的班子成员、党员深刻铭记了中国共产党百年奋斗的光辉历程，深刻认识了中国共产党为国家和民族做出的伟大贡献，深刻感悟了中国共产党矢志不渝为人民的初心宗旨，深刻领会了中国共产党成功推进革命建设改革的宝贵经验，增强了党员的四个意识，提高了党组织的凝聚力、战斗力。第二，加强了总支部班子和所属四个支部的廉政教育，加强廉政文化建设，树立正确的“权力观、政绩观”贯彻为民、务实、清廉的要求，坚决执行党务、居务、财务三公开制度，有效地推动了党风廉政建设和反腐败工作深入扎实的开展。

以加强基层组织建设为保障，抓好党的组织建设。一是抓好班子的自身建设，切实提高认识、工作责任感不断增强 。打铁还需自身硬，抓好社区党建工作关键是抓好班子的自身建设，2021年进一步健全了各项规章制度，两委班子实行坐班制，严格按时上下班。千方百计为社区居民多办事、办实事，不断强化两委班子成员的执行力，确保社区各项工作扎实有效的推进。二是抓队伍建设。深化管理进一步健全党组织工作机制，社区两委班子、党员队伍是社区发展的核心所在。2021年南大社区总支部围绕制度完善、能力提升、作用发挥三个方面，认真抓好了所属四个支部党员的教育管理，进一步落实好“三会一课”“一会四评”“主题党日”活动制度，按照益阳市党员积分管理考核办法相关规定，严格遵循“分类积分、量化考核”底线管理、奖优罚劣的原则，对每个党员认真进行了考核，增强了党员的四个意识，在党员发展上按照坚持标准、保证质量、改善结构、慎重发展的方针，认真抓好党员发展工作，2021年培养了2名发展对象、2名入党积极分子，为社区党组织增添了后备力量。

抓好社区党建，引领社区各项工作的发展。2020年新春伊始，一场突如其来的疫情冲淡了新春佳节的喜庆气氛，从正月初一开始，南大社区两委班子、党员志愿者放弃新春假期，全员上岗，胸戴党徽，把初心写在行动上，把使命落在岗位上，采取分片包干负责的方式进小区、逐门逐户宣传政策，摸排湖北、武汉返乡人员，为全面打赢疫情防控阻击战做出了自己应有的贡献。2021年3月开始按照市委疫情防控领导小组和镇党委的决策部署，南大社区全面发动辖区居民接种新冠疫苗，截至目前南大社区新冠疫苗接种率排名全镇前列，夯实了筑牢免疫屏障的基础。2020年，南大社区按照镇党委、政府的部署安排，成立了南大社区人居环境治理和创益卫领导小组，组建了以党员为主的志愿者劝导队伍，对社区卫生死角、街道牛皮癣重点进行的清理，对向南大河、大寨河乱扔、乱倒垃圾现象进行劝导，严格落实“门前三包”责任，与辖区单位、沿街经营门店、小区住户签订“门前三包责任状”2000余份。

2020年9月对镇区2300余米河堤的杂草进行了清理、栽种花草，为南大膳镇顺利通过益阳市卫生城镇验收做出了应有的贡献，赢得了社区居民的好评。2021年进一步扩大了社区党员志愿者队伍，先后成立了创省级卫生城镇卫生劝导队，防学生溺水志愿服务，社区禁毒志愿服务等队伍，从而带动了更多的社区居民参与到服务社会的行列中来。2020年南大社区先后向市人社局、市残联申办了两期创业培训班，一期残疾人培训班，2020年9月积极协助镇妇联开办了一期家政服务培训班，共培训有创业、就业意愿的居民、妇女、残疾人120人次，为他们的创业和就业提供了一个好的平台。

一分耕耘，一分收获，南大社区党总支取得了令人满意的成绩，同时也相信将继续以习近平总书记重要思想为指导，以党支部建设为重点，狠抓基础工作，突出重点工作，充分发挥党员在水利建设和农业发展中的模范带头作用，努力实践，大胆创新，为南大社区建设不断努力奋斗。

黄茅洲镇民心村党总支

民心村位于沅江市黄茅洲镇西部，这里地处洞庭湖腹地，多条支流傍村而流。村域物产丰富，交通便利，素有“苎麻之乡”“鱼米之仓”“洞庭明珠”的美誉。

近年来，民心村紧紧围绕党的十九大和党中央关于乡村振兴战略的决策部署，以党建工作为抓手，着力班子、队伍、制度、作风建设，夯实基层基础，统筹促进乡村经济发展、提升村民文化素质、改善村民生活环境多措并举，将民心村逐步创建成产业兴旺、生态宜居、乡风文明、治理有效、生活富裕的新时代美丽乡村示范典型。

强化教育，建好堡垒带队伍。民心村党总支始终把加强党员干部的管理教育作为党建工作的首要任务常抓不懈，按照镇党委的组织建设要求,民心村着力推行“党建+人居环境整治”“党建+乡风文明治理”“党建+产业发展”等模式，建立健全各项规章制度，全面加强和提升村党总支和三个党支部的凝聚力和战斗力。通过规范组织生活会、主题党日等活动，全方位提高党员的身份意识和责任意识，为村级发展发挥思想引领作用。坚持按月召开支部学习会，扎实召开支委会、党员大会，按时上党课，集中学习党的十九大精神和习近平新时代中国特色社会主义思想，通过一次次的党课学习，不断提高思想觉悟，加强党性修养，使党员干部时刻做到心中有党、心中有民、心中有戒、心中有畏，打造一支想干事、能干事、干成事的村级班子队伍。

提高服务，建好设施夯基础。民心村加大各类公益性基础设施建设力度，不断改善农民生产生活条件，不断提高农村基本公共服务水平。截至目前，民心村基础设施建设累计投入3100万元：铺建沥青道路15千米，硬化村级公路18千米，实现泥泞变通途；新建机埠18座，打通农田水利“最后一公里”；聚焦饮水安全，实现全村845户自来水全覆盖；新建300多盏路灯，点亮了“回家的路”；安装摄像头39个，打造“平安乡村”视频监控平台，提升村民安全感；投入500万元打造河心洲、民乐广场，建成健身广场、多功能球场、儿童游乐场，购置健身器材110余件，公共服务设施建设极大满足了文化娱乐生活需要，村民幸福感、获得感显著增强。民心村便民服务中心已完成“一门式”办理、“一站式”服务的综合服务平台建设，将便民服务中心打造成集党务、政务、村务、商务、公共文化和社会服务于一体的综合服务阵地。民心村的商务中心，是由沅江市供销合作社支持设立的全市第一家供销货郎，也是惠农综合服务社，村民存取款、收发快递、农产品的产销对接都可在此完成。

营造氛围，基层治理促和谐。完善基层治理，着力发挥村民自治组织作用。切实发挥村民议事会、监事会、村民代表大会、红白理事会等自治组织作用，重大事项均经村民代表大会讨论表决通过，严格实行“四议四公开”等制度，精心修订完善村规民约，有力规范约束村民的一言一行。2020年，民心村共收集党员群众意见和建议42条，处理矛盾纠纷11起，文明劝导婚丧喜宴8起，赢得了村民的肯定和好评；切实抓好矛盾纠纷排查调处，坚持网格化治理工作，全村呈现出社会稳定，治安良好，群众安居乐业的良好局面。乡风文明，着力发挥典型示范引领作用。积极开展“最美庭院”“美家美妇”“优秀党员”等一系列先进典型评比活动，以典型示范影响带动，形成比学赶超、创先争优的良好氛围。

发挥优势，凝聚力量快发展。依托独特的自然环境和区位优势，民心村在保持原有的水稻、棉麻产业基础上，深入探索绿色产业，建立以高端苗木、特色水果、名贵中药材等主导产业为支撑的“民心田园综合体”。通过土地流转，调整优化农业产业结构，逐步淘汰低端产业，总面积5000亩的“民心田园综合体”已具规模。2021年，园区内400亩冬桃年产值达400多万元；园艺基地年产值达2000多万元；400亩药材基地年产值可达800多万元；1600亩特种水果年产值达3000多万元。从2021年起，整个产业园每年可创产值8000万元左右。

目前，“民心田园综合体”产业园内不但有湖南云梦洞庭乡村旅游开发有限公司和省级林业龙头企业沅江市民心园林绿化有限公司两家企业入驻，还有沅江市民蕊苗木专业合作社、沅江市民心蔬菜种植专业合作社、沅江市文燕中药材种植专业合作社和学文家庭农场等加盟。通过不断增强造血功能，民心村村集体经济收入稳定增长，服务能力明显增强。

与此同时，民心村通过集体参股的形式，带动、引导贫困户以土地、劳力、扶贫资金等形式入股，建立和完善“土地变股权、劳资薪金、补助资金作股金、农户当股东、保底分红、利益共享”的经济运行模式，实现了互利共赢。股份合作在脱贫攻坚中展现了巨大威力，黄茅洲镇351户贫困户因此而受益，利益联结贫困人口750人。随着土地的有序流转，民心村的村民们腾出手来，近可在基地做事，远可外出务工，大家的创收渠道增多，收入水平也有了大幅提升。

民心村党总支在今后的工作中将继续坚持党的领导，将思想和行动统一到习近平新时代中国特色社会主义思想和党中央决策部署上来，不断总结经验，创新思路，围绕乡村振兴战略工作的总要求，大力推进社会主义新农村建设，强化贯彻落实，主动担当作为，以更加优异的成绩回报社会。

胭脂湖村党总支

胭脂湖村地处益沅一级公路北面美丽的胭脂湖畔，下辖20个村民小组。有农户894户，村民2825人，全村总面积4.68平方公里，全村耕地面积3512亩，优化村级组织设置以后，村党总支下设三个村党支部，有党员150名，其中预备党员4名，是“湖南省文明村”“全省民主法治示范村”“湖南省生态环保村”。

强化基础，突出重点，党的建设得到进一步加强。扎实推进基层党建工作。坚持以习近平新时代中国特色社会主义思想为指导，认真学习贯彻党的十九届五中全会精神，落实新时代党的建设总要求，以党的政治建设为统领，以提升组织力为重点，牢固树立党的一切工作到支部的鲜明导向，结合主题党日活动，深入开展党支部“五化”建设，引导广大党员发挥先锋模范作用，把党支部建设成为宣传党的主张、贯彻党的决定、领导基层治理、团结动员群众、推动改革发展的坚强战斗堡垒，为建设美丽胭脂湖村提供坚强组织保证。同时开展了以党建促扶贫攻坚，积极推广党员干部联系服务特困群众。

以人为本，社会和谐，促进精神文明建设。制定村规民约。将移风易俗与人居环境整治纳入村规民约。文化事业不断发展。成立了农民诗社的分社，创办了农家书屋，组建了妇女儿童之家，添置了健身器材，修建了文化广场及文化大舞台，建设完工了一个高标准篮球场、羽毛球场、气排球场，群众文化体育活动频繁开展。广场舞、篮球活动、羽毛球活动每天开展。村广场舞队在街道广场舞大赛中也屡获好成绩。村民法制意识不断增强。定期开展普法宣传教育，提高村组干部和村民的法律素质。组织村组干部和广大党员群众认真学习相关的法律知识，利用远程教育平台观看法制教育宣传片，坚持依法办事，依法治村，对村民提出的各类问题、意见都能依法解决。辖区内违法犯罪率明显下降了，近几年未出现群众上访事件，群众满意度大大提高了。

发展公益事业，加强村建设，营造和谐生活环境。旅游产业和美丽乡村建设蓬勃发展且前景美好。胭脂湖风景区是沅江乃至益阳的一块老字号旅游品牌，但发展速度缓慢，结合景点景区实际情况，支部下大力气修通知青之家至沙滩的水泥公路，方便游客出入，整治沙滩景观，吸引游客。同时加深挖掘胭脂湖文化底蕴，发展旅游产业。公益事业及基础设施建设方面，以改善人居环境，提高人民幸福指数，增加村民收入为目标，全力抓好基础设施建设。村水泥公路已基本组组通、户户通，包括知青之家至沙滩泳场的旅游公路，投资 350 万元完成南株公路提质改造。自来水工程全部完成，全部村民都用上了安全的饮用水。修筑山塘 12 口，保障农田的利用率，提高了抗御自然灾害的能力。加固刘家坝和水龙坝渍堤，疏通渠道 15 千米，兴修渠道 10 千米，4 个机埠及原有渠道每年都有维修，保障农田水旱无忧。阵地建设上了新的台阶，建设了高标准的便民服务中心(包括功能室、办公设备添置,广场周边绿化,文艺舞台的美化等)。近年投资130万元安装太阳能路灯500多盏,村庄道路全部实现亮化。为切实减轻人民负担,由村委支付全村每人40元医疗保险费。电力方面,已完成电力整改,保障了全村的生活用电的方便和安全。投资40万元对胭脂湖村主干道两侧实施美化工程,沿路农家外墙上描绘了壁画和书法作品,将成为胭脂湖村一道美丽的风景线。投资100万元对村主干道实施绿化工程,并逐步将工程实施到全村组干道。引进久久重阳康养项目,第一期工程即在胭脂湖村启动,将建成集旅游养老、公寓颐养、医护、休闲等功能于一体的高品质、高标准的综合性养老服务中心。辣妹子辣椒小镇与芦菇产业基地也在胭脂湖村发展,促进农民增产增收。

完善制度,阳光操作,建立健全规范的工作机制。一是健全和完善了村级议事规则、三会一课制度、村两委定期学习制度、党员经常性教育制度、党员联系和服务群众制度、党员活动日制度、四议两公开制度等,通过制度的建立和完善,使工作有章可循,效率明显提高完善民主制度。二是严格按照"四位一体"管理机制,定期向村民公开村级党务、村务、财务情况,重大项目建设必须召开议事会会议,并留会议记录,会议形成决议后,由监委会严格监督实施,充分发挥议事会与监委会的作用。强化财务管理制度,大笔开支必须由会议决定,并呈报上级许可,并做到每张条据有经手人、证明人,严格一支笔审批,做到日清月结。三是狠抓制度的落实,班子成员以身作则,带头遵守执行,做到了制度完善、管理措施到位,逐步形成了有领导、有配合、讲团结、谋发展的良好工作局面。

多年来,胭脂湖村党组织以习近平总书记"既要金山银山,又要绿水青山"的生态理念精神为引领,大力开展人居环境整治,从动员全民参与、抓实整治措施、构建长效机制等方面下功夫做文章,生态环境日益优化，村容村貌明显提升，文明卫生习惯日趋养成，实现了农村人居环境的“内外兼修，神形兼备”，村容村貌不断改观。当前，胭脂湖村正全面铺开人居环境整治达标创建行动，在洞庭山水之间绘就一幅天蓝水净、村美民富、业兴人和的宏大画卷。

琼湖街道书院社区党总支

书院社区成立于2002年，地域面积近3000亩，五个居民行政组，居民人口近2万人。社区工作人员11名，负责全社区党政建设、人口与计生、综治维稳、民政优抚、劳动与社会保障、城市建设维护管理、网格化管理、居民低保、社保、医保等工作。

书院社区党组织是一个工作严谨认真，服务真诚热情的团体，在市委市政府、办事处的大力指导和支持下，以服务群众为出发点和落脚点，积极完成上级交代的各项工作任务，先后被益阳市委市政府、沅江市委市政府评为“2019—2020年度党建工作模范单位”“益阳市2020年度优秀志愿服务社区 ”“2020年度疫情防控工作先进单位”“2020年社区治安综合治理工作先进单位”。

加强理论学习，强化政治信仰。注重党员干部理论学习，提高党员干部自身综合素质，提出学习三步走。第一，深入研讨学。以习近平总书记关于全面从严治党、党风廉政建设和反席败斗争重要论述为重点，坚持原原本本学，把支部“大集中”学习、党小组“小集中”学习和个人自学结合起来，注重在入脑入心、深悟透、融会贯通上下功夫。第二，督促引领学。党支部及时汇编习近平总书记重要讲话以及最新出台的党内法规，要求党员摆在案头、放在手头，督促大家加强系统学习。支部书记带头学习并经常推荐最新理论文章，对重点内容画线标注，帮助党员理解。支部宣传委员每天在微信群推送习近平总书记重要讲话或重要论述金句，促进党员随时随地学习。第三，突出重点学。一方面突出重点人员及时学习，确保社区党员干部走在理论学习的前列，开展有针对性的政治理论学习；另一方面突出重点领域，认真组织学习党章党规和法律法规，增强政治监督的针对性和有效性。

加强队伍建设，强化服务。一是不断创新“党员+群众”精神文化活动模式。利用各种节庆日，突出主题，党员带头，群众参与，举办了农民春节晚会，好媳妇、好婆婆、好妯娌“三好”评选及党群运动会，正能量故事会，学党章宣讲会等，向上向善的新风尚进一步得到弘扬，党组织及广大党员与群众的亲和力、融合力明显增强。二是抓紧抓牢党员活动意识。每月定期开展党员活动,要求全体党员戴上党徽亮明身份，增强意识，加强约束，提升服务，认真组织社区党支部书记、党支部委员和广大党员自觉参加，群众代表积极参与，活动内容丰富了，党员形象树了起来，群众“跟党走”的意识强了起来。

加强管理机制，强化执行力。一是党员管理常态化。注重在社区干部、致富能人、退伍军人和回乡创业的知识青年中发展党员，为党组织输入新鲜血液，进一步优化党员队伍结构。同时，加强流动党员管理，使他们有“归属感”。二是党员积分管理长效化。做好党员积分管理工作，及时公示公开，实行台帐管理，接受群众监督。受到群众一致好评。三是“基层四项制度”规范化。为进一步改进作风、密切联系群众，通过落实基层民主科学决策制度、矛盾调解化解制度、便民服务工作制度、党风政风监督检查制度这四项基础制度，调动群众积极性，激发干部热情。

加强创新建设，强化战斗力。一是建立社区应急中队，办好群众各项“急难愁盼”问题，打通了联系服务群众“最后一纳米”。全天候24小时、免费上门为建档立卡的五保户，特困户，一、二级伤残人员及伤残退伍军人提供水电设施维修服务。二是开办“四点半”学堂，解决学生放学后无人看管的空档期教育、陪伴及安全问题，巩固孩子学业、激发兴趣、培养良好品德。为祖国的小花朵保驾护航，为祖国的未来输送人才。三是成立12人社区巡逻队伍，群防群治，确保群众财产安全和生活安宁；白天晚上不间断在辖区内巡逻，防范杜绝危害群众的事情发生。

书院社区坚持以人民为中心，以党建为引领，以服务群众为出发点和落脚点，致力于打造学习型、创新型、服务型、效能型、和谐型、廉洁型“六型”班子，全心全意为人民服务，得到社区居民的一致好评。

后记

治党始终坚强有力，治国才会正确有效。如果党不管党、治党不严，就会严重影响党的先进性和纯洁性，严重削弱党的创造力、凝聚力、战斗力，甚至危及党的生存和发展。坚持党要管党、从严治党，要求我们从执政党建设的规律出发，既继承党的建设的成功经验，又探索党的建设新办法，全面提高党的建设科学化水平。

加强基层党的建设科学化研究，是时代发展对中国共产党建设提出的新要求，对其进行深入研究，能够为各级党组织的建设提供实践指导，为实现党的理论建设、制度建设和方法建设的科学化提供对策建议，从而提高党的建设的科学性和有效性，为新形势下加强和改进党的建设，提高党的执政能力和执政水平，保持党的先进性提供有效支撑。

在本书的写作中，中共湖南省委党校邓建华、高辉教授分别给予了悉心指导。益阳市政协周志宏主任为提纲的拟定提出了宝贵的意见，在此一并表示衷心感谢。

本书的编著过程中，大量参考了国内外专家、学者的研究成果，特作说明并表示深深的谢意。限于时间和精力，本书错漏之处在所难免，敬请提出批评意见。

中共沅江市委党校

2022 年 5 月